KB262186

음식점창업의 신화

이대봉의 성공확신 333전략

© 이대봉 2003

1판1쇄	2003년 2월 28일
1판7쇄	2010년 5월 12일

지은이	이대봉
펴낸이	김정순
펴낸곳	(주)북하우스 퍼블리셔스
출판등록	1997년 9월 23일 제406-2003-055호
주소	121-840 서울시 마포구 서교동 395-4 선진빌딩 6층
전자우편	editor@bookhouse.co.kr
홈페이지	www.bookhouse.co.kr
전화번호	02-3144-3123
팩스	02-3144-3121

ISBN 89-5605-050-3 03320

이 도서의 국립중앙도서관 출판도서목록(CIP)은 e-CIP 홈페이지(http://www.nl.go.kr/cip.php)에서 이용하실 수 있습니다. (CIP제어번호 : CIP2004002024)

음식점창업의 신화

이대봉의 성공확신 **333** 전략

이대봉 지음

북하우스

3초 안에 손님을 끌어라

3달 안에 입지를 굳혀라

3% 아이디어를 발휘하라

한 사람에게 한 마리의 고기를 주면

그 사람은 한 끼의 식사를 할 수가 있다.

그러나 그 사람에게 고기 잡는 법을 가르쳐주면

그 사람은 영원히 살 수가 있다.

—관중(管仲; ?~BC 645)

창업을 결심하기까지 얼마나 많은 날을 가슴 졸였는가. 그 동안 직장에 인생을 바쳐 열심히 살아왔지만 모아둔 재산은 없고 가장으로서 마음은 무겁기만 하다. 그러나 걱정만 하고 주저앉아 있을 수는 없다. 그렇다고 무리하게 서두르다가는 여생을 망칠지도 모른다. 이제 돌다리도 두드려보고 건너는 심정으로 새로운 인생의 길을 개척해야만 한다.

성공할 것인가? 실패할 것인가?
외식사업은 이 시대 최고의 성장산업으로, 특히 서민들의 인생역전을 빠르게 이룰 수 있는 훌륭한 직장이며, 가장 인간적인 멋있는 직업이다. 그래서 많은 사람들이 도전한다. 그러나 또 많은 사람들이 실패한다. 그 이유는 무엇인가? 그것은 대부분의 사람들이 갖고 있는 외식업에 대한 잘못된 인식 때문이다. 그 중의 한 예로, 음식점 창업을 준비하는 사람들 대부분이 음식의 맛과 점포 위치에만 골몰한 나머지 손님의 취향이나 점포 운영에 대한 기본적인 연구를 소홀히 하는 점을 들 수 있다. 이런 실수들로 인해 음식점을 운영하는 오너가 오판을 하게 되고 이러한 오판은 여지없이 예견된 실패를 만드는 것이다.

그러나 이 책을 발견하였다면 두려워 말고 도전하라!

배고픈 한이 만든, 먹는 장사의 꿈을 이루기 위해 평생을 준비했고 마침내 80억의 신화를 일군 필자의 눈물과 땀으로 입증한 지혜가 고스란히 이 책에 담겨 있기 때문이다. 이 책의 내용을 충분히 이해하고 활용한다면 반드시 성공한다. 이 책이 바로 성공으로 직행하는 특급열차의 승차권이다.

이 책은 『먹는 장사로 80억을 번 이대봉 교수의 경영전략』의 내용을 수정 보완하고, 중앙일보 『이코노미스트』지에 필자가 연재한 글을 모아 한 권으로 엮은 것임을 밝혀둔다. 이제는 음식점 창업 및 경영지침서로서 손색이 없으리라 감히 자부한다.

계미년 이월 구일
인천광역시 석바위에서
이대봉 드림

3초 안에 손님을 끌어라

3초는 3초에 만들어지지 않는다

점포 주위에 답이 있다

맛이 보이도록 점포를 가꾼다

1

3초는 3초에 만들어지지 않는다

남의 말을 믿지 말고 반드시 자기 발로 확인하라

고달픈 샐러리맨들은 사표를 던지고 싶다. 하루가 멀다하고 야근하고 그래도 서류더미들은 줄어들 기미가 보이지 않는다. 설렁설렁 일하는 것처럼 보였던 동료가 어느 날 과장 진급을 먼저 하고 말았다. 월급명세서를 손바닥에 펴놓고 아무리 들여다봐도 또 적자다.

통계를 보면, 직장인 10명 중 8명 이상이 창업을 꿈꾸고 대학생 10명 중 4명은 이미 청년 창업의 대열에 합류하고 있다. 이들의 창업 희망 업종으로는 '외식업'이 가장 많아 42.8%를 차지했고, 서비스업(31%), 판매 및 기타(20%), 교육업(6.3%) 순으로 나타났다.

지난 10년간의 외식업소 수의 증가는 이러한 사회적 흐름을 잘 보여준다. 지금부터 십여 년 전인 1993년 10월만 해도 전국 외식업소의 수는 허가업소만 415,625개소로서 우리 국민 백 명당 한 개 업소였다. 그러던 것이 5년 후인 1998년 12월에는 두 배로 증가하여 국민 쉰 명당 한 개 업소가 되었고, 다시 2년 후인 2000년 11월에는 두 집 중에 한 집이 먹는 장사[1]일 정도로 급속히 증가하였다.

두 집 중에 한 집이 먹는 장사!

지금 이 시간에도 외식업소의 수는 계속 증가 일로에 놓여 있다. 만약 이런 추세로 계속 늘어난다면 머지 않아 우리 국민 모두의 직업이 '음식점 경영'이 될 것이다.

업소 수의 급격한 증가는 우리나라 외식업계에 빈익빈 부익부 현상을 야기시켰다. 외식업계는 남의 건물을 임대하여 적은 규모로 운영하는 영세업소들이 대부분인데, 사실 이러한 업소들은 영업이 어려운 실정이다. 매출도 시원찮은 데다가 요즈음은 인건비마저 치솟고 있으며 그나마도 마음에 드는 종업원을 구하기가 어렵다.

'엎친 데 덮친다'고 이래도 안 되고 저래도 안 되어 견디다 못해 스스로 문을 닫는 가게들이 늘고 있다.

왜 손님들은 이왕이면 크고 넓은 집에서 폼 재면서(?) 외식하기를 원하는가? 영세업소들이 어려운 반면에 소수의 대형업소들은 연일 손님들로 북적인다. 돈이 돈을 번다고 했던가. 기업형 업소들은 계속 호황을 누리면서 문어발식으로 확장에 확장을 계속한다.

이러한 외식업계의 빈익빈 부익부 현상이 지속되는 향후 7∼10년 동안은 외식업소의 대형화가 급속히 진전될 것이며 나아가 영세업소들은 점점 설자리를 잃게 될 것이다.

따라서 서민 창업자가 살아남기 위해서는 부지런히 벌어서 하루 빨리 업소를 대형화시키는 것이 중요하다. 그러나 누군들 돈 벌고 싶지 않은 사람이 어디 있겠는가? 여기에서 문제는 '모두가 성공

---

1) 산업자원부, 商議: 서울 상권 정보조사 — 서울의 경우.

을 꿈꾸며 나름대로 확신을 갖고 창업을 서두르지만 그러나 현실은 90%가 개업 후 1년 이내에 문을 닫는다'는 것이다.

더욱더 안타까운 것은 개업해서 삼 개월도 버티지 못하고 영업을 포기하는 상당수의 업주들이다. 있는 돈 없는 돈 끌어다가 걱정 반 기대 반 애를 태우며, 그래도 꿈을 갖고 개업을 했는데 삼 개월도 운영하지 못하고 셔터를 내릴 때의 심정이 얼마나 참담하겠는가?

그렇다면 어떤 사람들이 삼 개월도 채우지 못하고 영업을 포기하는가? 그 사람들은 대부분이 가정에서 살림만 하던 순박한 주부들이다. 자녀들도 어느 정도 성장했고 시간적 여유도 있고 하니까 박봉인 남편을 돕겠노라고 야무진 꿈을 갖고 창업을 서두른다. 그렇다고 돈만 벌 수는 없다. 주부로서 살림도 잘 꾸려 나가야 한다. 그래서 돈도 벌고 살림도 잘 할 수 있는, 두 마리 토끼를 잡을 수 있는 방법이 없을까 골몰하다가 내린 결론이 오후 늦게 문을 열어 밤늦게까지 영업을 할 수 있는 '호프집' '치킨집' '한국식 카페' 등 '주점식 영업'이다.

'재수 없으면 뒤로 자빠져도 코가 깨진다'고 했던가! 순박한 주부 창업자들은 많고 많은 성실한 부동산 중개업소를 놔두고, 하필이면 사기성 있는 무허가 중개업자에게 걸려든다거나 아니면 신뢰할 수 있는 체인본부는 제쳐두고 믿을 수 없는 체인사업자의 번지르르한 말에 현혹되어 자기의 마음을 털어놓는다.

"외식업에 경험도 없고 장소 볼 줄도 모르니 잘 봐달라"고 밥 사고 술 사고 아양도 떨어본다. 아무리 착각은 자유라지만 차라리 고양이한테 생선을 맡기지…… . "사장님만 믿습니다"라는 말이 떨어지기가 무섭게 사기꾼의 표적이 된다. 열이면 열, 백이면 백 전부

사기꾼의 먹이로 끝난다. 돈 뺏기고, 몸 뺏기고, 가정파탄까지 나는 사례도 있다.

우리나라 사람들은 사촌보다도 억지를 더 잘 믿는다. 그렇다고 감언이설에 속아넘어가서도 안 된다. 외식업은 결코 사기꾼의 말처럼 달콤하거나 그렇게 말랑말랑한 사업이 아니다. 외식사업의 성공이란 자신의 피와 땀과 눈물의 결정체임을 깨달아야 한다.

인생이라는 들판은 우리가 심고 일군 만큼만 되돌려준다. 결코 요행을 바라지 말라! 외식업에 대하여 잘 모른다거나 바빠서 시간이 없다면 창업하지 말라. 충분히 공부하고 난 뒤에 그리고 시간적 여유가 있을 때 시작하라. 왜냐하면, 장소선정에서부터 개업을 준비하는 과정 그리고 개업하여 단골고객을 확보하고 매출이 늘어나 내 건물이라도 하나 장만할 때까지는, 오너가 앞장서서 직접 땀 흘려 뛰어야만 성공할 수 있기 때문이다.

진정 성공을 원한다면 외식업 성공 제1법칙을 가슴에 새겨라.

"남의 말을 믿지 말고 반드시 자기 발로 확인하라."

먼저 3단계 전략을 세워라

많은 사람들이 외식사업에서 실패하는 이유는 무엇일까?

그것은 외식업에 대한 잘못된 인식 때문이다. '서당개 삼 년에 풍월을 읊는다'라고 했던가? 이구동성으로 먹는 장사나 마시는 장사는 장소가 좋아야 된다고 힘주어 말한다. 물론 틀린 말은 아니다. 그렇지만 장소 보러 다니는 것이 창업의 시작인 양 착각하고 무턱대고 자리 찾아 나서는 것이 외식업 창업의 가장 큰 잘못임을 알아야 한다.

영업이 될 만한 장소로, 유동인구가 많은 곳이나 번화가를 꼽는다. 그런데 그곳에 가게를 얻으려고 하면 권리금이 턱없이 비싸다. 아예 바닥권리금이라는 것이 형성되어 있고 보증금이나 월세 또한 만만치 않다. 그래서 영업도 시작해보기 전에 기만 죽고 부동산 중개업소를 나올 수밖에 없다.

외식업에 성공하기 위하여 장소보다 더욱 중요한 것이 있다. 그것은 먼저 '3단계 전략'을 세우는 것이다. 3단계 전략이란? '제1단계 무엇을 팔 것인가?' '제2단계 누구에게 팔 것인가?' '제3단계 어떻게 팔 것인가?'를 말하는 것으로, 먼저 3단계 전략을 명확하게 결정하고, 그에 따른 적합한 장소를 물색하는 것이 성공으로 가는 당연한 수순이다.

1) 제1단계: 무엇을 팔 것인가?—표적상품의 결정

'무엇을 팔 것인가?' 이것은 외식업 창업의 가장 중요한 첫번째 과제로서, 업소에서 판매해야 할 '주력상품'을 말하는 것으로 이를 '표적상품'이라고 한다. 예를 들어서 한식집을 개업한다고 해도 고기류·백반류·분식류·각종 탕류 등 다양한 한식의 종류 중에서 무엇을 표적상품으로 할 것인가를 명확하게 결정해야 한다. 표적상품은 업소의 얼굴이요, 개성이며, 이미지로서 업소를 대표하는 상품이다. 이러한 간판상품은 업소가 위치한 지역의 유발요소(43쪽 '시계의 양호성' 참조)에 모여드는 사람과 상호연관성이 있는 음식이어야 한다.

예를 들어 표적상품이 각종 해장국류일 때는 대체로 유흥업소 밀집지역, 전철역 및 버스터미널, 사무실이나 상가 밀집지역 등에 모여드는 사람들에게 부담 없는 음식이며, 분식류일 경우에는 대형소매점(백화점, 쇼핑몰, 재래시장 등)이나 사무실지역 또는 패션가 등에 모여드는 여성과 밀접한 음식이다.

업소의 메뉴구성은 표적상품 한두 가지와 이를 보완해주는 보조상품 두세 가지 그리고 미끼상품(전략상품) 한 가지로 제한하는 것이 바람직하다. 여기서 보조상품이란 표적상품의 허점을 보충해주거나 또는 표적상품과 곁들여 취식하기 좋은 음식으로써 예를 들어 표적상품이 산채정식일 경우 도토리묵, 전류, 보쌈, 떡갈비, 기타 등으로 조화를 이룰 수 있는 상품을 말한다.

미끼상품이란 단골집을 선호하는 고객들을 유인하기 위한 전략상품으로 고객이 스스로 파격적이라고 인정할 수 있는 저가상품을 말한다. 일단 미끼상품에 유인된 고객에게는 기존업소와 차별화된 상품과 서비스를 제공함으로써 스스로 이 집으로 단골집을 바꿔야 겠다는 결심을 하도록 유도해야 한다.

이렇게 메뉴를 구성해도 3~6가지이며 이것을 전문화시켜 업소의 개성을 강렬하게 드러내보이도록 해야 한다.

2) 제2단계: 누구에게 팔 것인가?—표적고객의 선정

고객의 욕구가 다양화되고 세분화되어가는 현대사회에서 무차별적이고 획일적인 대중마케팅은 존재할 수 없다.

현대전에서 융단폭격은 무지한 전력의 낭비일 뿐이다. 심장을 일발 명중시킴으로써 일거에 승리를 거두어야 한다. 그러므로 제1단계에서 결정한 표적상품을, 제2단계에서는 '누구에게 팔 것인가?' 하는 '마케팅 목표'를 명백히 결정해야 한다.

다양한 개성시대의 소비자들은 각각 다른 욕구와 특징 그리고 행동을 나타내며 이러한 소비자를 그 특성에 따라 분류하는 과정을 '시장세분화'라 한다. 즉, 모든 시장은 여러 '세분시장'으로 구성되어 있다.

궁극적 목표인 사업의 성공을 위하여 효과적인 마케팅을 전개하려면 외식시장을 일반적으로 '연령'이라는 잣대로 세분화시켜야 한다. 유사한 성향을 가진 비슷한 연령층을 한데 묶어 집중공략함으로써 마케팅의 효과를 극대화할 수 있는 것이다.

우리가 공략할 연령층을 '표적고객'이라 하며, 반드시 표적상품과 연계되어 선정하여야 한다. 즉, 표적상품이 햄버거라면 표적고객은 십대 말부터 이십대 중반까지이며, 표적상품이 한정식이라면 표적고객은 사십대부터 오십대까지일 것이다. 일단 표적고객이 결정되었다면 그 연령층의 욕구, 개성, 기호 등을 철저히 파악하여 업소 내외의 모든 것을 오직 표적고객의 취향에 일치시켜야 한다.

예를 들어 가게에서 사용할 탁자나 의자 그리고 음식을 담을 그릇을 고를 때에도 오너인 자기 마음에 드는 것이 아니라, 내가 공략할 표적고객의 마음을 사로잡을 수 있는 것으로 선택하여야 한다. 업소의 인테리어도 시공업자의 취향이 아닌 표적고객의 바람을 그대로 옮겨놓아야 한다.

내 생각이 아닌 표적고객의 꿈을 반드시 담아내야 한다. 즉, 매장설계, 인테리어, 레이아웃, 색상, 상호, 배경음악, 의자, 탁자, 그릇 등 온통 표적고객이 갈망하는 것, 그들이 꿈꾸는 것, 그들을 즐겁게 할 수 있는 것으로 꾸며야 한다. 이것을 힘의 집중 원칙이라고 한다.

"업소의 모든 역량을 표적고객을 공략하는 데 집결시켜라!
힘의 집중은 태산도 두 동강이 낼 수 있다."

3) 제3단계: 어떻게 팔 것인가?—대중업소냐? 고급업소냐?

외식산업의 뚜렷한 특징 중에 하나가 업소의 양극화 현상이다. 즉, 대중업소라는 방향과 고급업소라는 또 하나의 방향으로 시장이 분명하게 양분되어 있다. [그림 1]과 같은 이분 구조의 외식시장에서는 오직 두 색깔만이 생존할 뿐이다. 대중업소라는 색깔과, 그

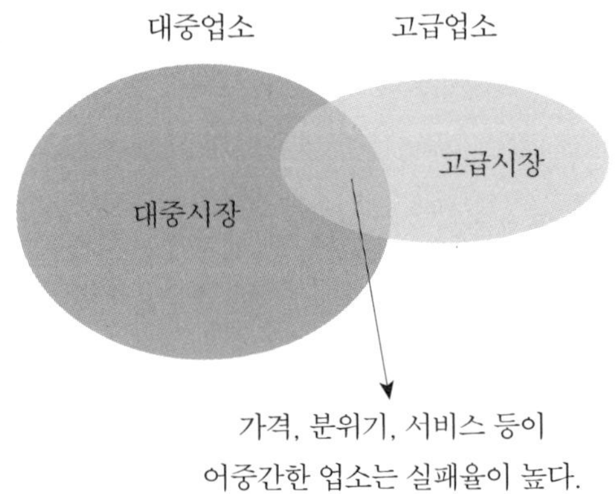

[그림 1] 외식시장의 양분화

와는 뚜렷이 구별되는 고급업소라는 색깔이 그것이다.

어느 색깔로 외식시장에 진입할 것인가? 명백한 것은 두 색깔의 혼합색은 '시장생명이 짧다'는 것이다.

업소규모로 대중업소와 고급업소를 구분하는 것이 아니다. 업소가 크든 작든 간에 양분화된 외식시장에서 공격목표가 무엇인가로 대중업소와 고급업소를 구분한다. 공격목표가 대중시장이면 대중업소, 고급시장이면 고급업소이다. 대중시장은 인간의 생리적 욕구에 대응하는 시장이며, 고급시장은 사회적 욕구에 대응하는 시장이다.

그렇다고 서민층이 대중업소를 이용하고 상류층이 고급업소를 이용하는 것은 아니다. 동일한 소비자가 개인적인 사정에 따라 대중업소를 이용하기도 하고 또 고급업소를 이용하기도 한다. 즉, 일상적인 점심식사라든지 부담 없는 모임에는 대중업소를 이용할 수 있고, 사업상 중요한 만남 또는 생일, 결혼기념일 등 특별한 날에는 고급업소를 이용할 수 있다.

배가 고픈 사람은 당연히 먹을 것을 찾아서 먹게 된다. 단순히 허기를 면하기 위하여 식당을 이용하는 경우와 경비절감을 의식하는 친목회 등 일반적인 사교행사로 식당을 이용해야 할 경우에 대중업소를 찾는다.

대중업소가 공략해야 할 시장은 대중시장이며, 효과적인 시장공략을 위하여 대중업소는 세 가지 기본요소를 갖추어야 한다.

첫째, 저렴한 가격이다. 대중업소를 운영한다면서 가격이 비싸다면 성공하기 힘들다. 대중업소는 원가절감을 통하여 고객이 스스로 놀라도록 상품의 가격을 낮추어야 성공할 수 있다. 곧, 이익금의 대부분을 고객에게 환원하겠다는 경영방침이 대중업소 성공의 포인트다.

둘째, 음식의 맛이다. 물론, 고급업소도 음식이 맛있어야 하는 것은 당연하다. 그러나 손끝의 맛을 유난히 따지는 것이 대중업소이다. '어느 집에 무슨 음식이 맛있더라'고 소문이 나면 손님은 몰려든다. 따라서 집중공략할 연령층(표적고객)의 입맛을 정확히 파악하여 그들을 사로잡는 맛을 창조해야 한다.

셋째, 신속성이다. 고객이 주문한 뒤 몇 분만에 음식이 식탁에 오르는지 체크하라. 허기진 고객은 '일각이 삼추 같다.' 고객이 주문한 즉시 음식이 나오도록 주방의 동선을 짧게 하고, 주방과 홀 서빙팀을 훈련시켜야 한다.

음식의 가격, 맛, 속도 이 세 가지가 대중업소를 성공으로 이끄는 핵심이다. 필자가 업소현장에서 땀 흘려 터득한 15년 고생의 요약이다. 믿고 실천하면 반드시 성공한다.

■ 고급업소

양분화된 외식시장에서 또 하나의 방향은 고급시장이다. 고급업소를 방문하는 고객은 큰 기대를 가지고 업소의 문을 연다. 그러므로 비싼 가격에 부응하는 여러 요소들을 완벽하게 갖추어서 고객을 흡족하게 해주어야 한다. 어쩌면 고객은 상사한테 밟히고 마누라한테 눌린 한(?)을 보상받거나 채우지 못한 인간의 정복욕을 충족시키려는 제왕의 드라마를 꿈꿀지도 모른다.

훌륭한 음식은 고급업소의 기본이다. 그러나 음식의 맛과 질, 예술적인 데커레이션만으로는 부족하다. 반드시 드라마가 있어야 한다(190쪽 '음식을 팔지 말고 꿈을 팔아라' 참조). 여기에 엔터테인먼트가 추가되어야 한다. 베르사유 궁전을 만들고, 잘 훈련된 수준급 궁녀로 하여금 황제를 시중들게 하라.

그렇다고 궁궐의 화려함에, 궁녀의 세련된 접대에 행여나 고객이 주눅들게 해서는 안 된다. 다소 촌티 풍기는 고객일지라도 궁전의 주인이요, 드라마의 주인공이다. 편안하게 음식을 즐기고, 격조 높은 분위기를 만끽하며, 제왕의 꿈에 한껏 취하게 하라.

고급업소는 대중업소에 비해서 자본투자가 월등히 많다. 무리한 투자는 화를 부른다. 가용한 자본으로 시장의 진입방향을 신중히 검토하여 결정해야 한다.

■ 잊혀지는 업소

부동산 중개업소에 매물로 나와 있는 가게나, 영업에 고전하고 있는 업소를 방문해 보면은 의외로 인테리어가 훌륭한 업소들이 많다. 한 마디로 돈 꽤나 바른(?) 가게들이 즐비하다. 그런데 왜 그런 업소들이 영업에 실패하는 것일까?

대다수의 인테리어 시공업자들은 외식산업의 전술적인 특성을 잘 모른다. 때문에 그저 멋있는 업소를 만들기 위하여 열심히 깎고, 부치고, 바르다 보면 공사비는 계속 추가되고, 정작 가게는 '대중업소'도 아니고, '고급업소'도 아닌 어정쩡한 분위기를 연출하게 된다.

바로 그것이 문제이다! 소비의 욕구가 다양화되고 세분화되어가는 현대인들은 외식업소도 뚜렷한 개성을 갖추기를 요구한다. 그것이 대중업소도 아니고 고급업소도 아닌 어중간한 업소의 실패율이 높은 이유인 것이다. 대중업소는 화려하고 멋들어진 인테리어보다는 깨끗하고 편안한 인테리어가 한층 고객의 마음을 사로잡는다. 굳이 실내장식에 거액을 들일 필요가 없다는 것이다. 왜냐하면 수수함이 대중업소의 개성을 만드는 기초가 되기 때문이다.

자고이래로 가장 불행한 여인은 잊혀진 여인이라 했다. 개성이 없는 업소도 시간이 흐를수록 고객의 머릿속에서 잊혀지는 업소로 전락하게 된다. 고급업소는 고급업소로서의 뚜렷한 개성을, 대중업소는 대중업소로서의 분명한 색깔을 지녀야만 이 시대의 외식시장에서 장수를 누릴 수 있는 것이다.

 ## ‘최고의 아이템’은 자신 안에 있다

외식업 창업을 결심하면 대부분의 사람들은 우선 돈이 되는 상품을 찾기에 골몰한다. 소위 ‘좋은 아이템’을 찾기 위해 장사가 된다는 집을 여기 저기 기웃거리거나 눈과 귀를 번쩍이며 창업강좌나 박람회장을 헤맨다. 굶주린 물고기는 그럴듯한 미끼에 쉽게 입질한다. 찌가 까닥대면 노련한 낚시꾼은 단숨에 채어올린다. 사업에 성공하기 위한 열성은 높이 사지만 과연 그것이 외식업 창업의 올바른 길인가?

아이템 찾기에 열을 올리는 사람치고 큰 성공을 거둔 사람은 없다. 왜냐하면 외식업소의 현장을 무시한 그럴듯한 이론이 만들어낸 허상에 빠져 방향감각을 잃기 때문이다. 외식업은 달콤한 말처럼 꿈의 사업이 아니다. 그것은 땀과 눈물로 범벅된 고달픈 현장이다. 인내와 집념의 달구질 속에서 성공의 열매를 따는 것이다.

외식업 창업을 위해 맨 먼저 해야 할 일이 판매할 상품을 결정하는 것임은 틀림없는 사실이다. 그러나 어디에서 무엇이 잘 된다니까 혹하고, 이론이 그럴듯하니까 곧 성공할 것처럼 덤벼드는 사람들을 볼 때 안타까운 심정을 느낀다. '옷은 몸에 맞게 입어야 한다는 상식을 왜 도외시하는 것일까? 어처구니없게도 옷에 몸을 맞추려고 저리들 야단인가?'

영업이 잘 된다는 것은 고객이 모여들기 쉬운 지역에서, 고객이 원하는 음식을, 편안하게 즐길 수 있도록 하는 이 세 가지가 잘 융화된 것을 말한다.

1) 반드시 자기가 좋아하는 일을 선택하라

모든 사람에게는 한 가지 공통점이 있다. 그것은 자기가 하고 싶은 일을 할 때 가장 열심히 한다는 것이다. 자기가 좋아하는 일을 할 때 그에게는 끊임없이 솟아오르는 샘물처럼 쉼 없는 열정이 솟구친다. 일에 대한 열정은 일 자체를 삶의 기쁨으로 승화시키며, 일이 삶의 즐거움이 될 때 그 자체만으로도 경쟁력은 갖춰지는 것이다.

한식, 일식, 양식, 중식, 분식, 횟집, 뷔페, 패스트푸드, 스낵, 치킨, 호프, 카페 등 여러 분야 중에서 어느 상품, 어느 업종으로 창업할 것인가? 분명한 것은 자기의 적성과 취미에 맞는 상품(업종)을 선택하라는 것이다. 성공을 위한 최고의 아이템은 밖에서 찾는 것이 아니라 바로 자기 자신 안에서 발견해야 한다.

자본이 부족하다 할지라도 자본에 맞춰 업종을 변경해서는 안 된다. 차라리 자기가 하고 싶은 일을 자본에 맞게 축소해서 개업하는 것이 성공에 이르는 길이다.

K.F.C. 전신인 켄터키 후라이드 치킨 창업자 할랜드 샌더스는 사망하기 직전까지 쉬지 않고 일했다. 고령에도 지칠 줄 모르고 사업

을 확장할 수 있었던 원동력은 바로 자기가 하고 싶은 일을 선택했기 때문이다. 지금도 그는 전 세계 1만여 체인점 앞에 마네킹으로 서 있다.

2) 세계 최고가 될 수 있는 상품을 선택하라

좋은 아이템 찾기 두번째 기준은 '내가 세계에서 1등을 할 수 있는 음식이 무엇인가?' 에서 출발하는 것이다.

당장 개업하기도 힘든데 웬 세계 1등이냐고 볼멘 소리로 푸념할지 모르지만 그만큼 자신 있고 확신에 찬 음식으로 창업해야만 성공할 수 있는 것이다. 음식은 조리사에게 맡기고 나는 관리만 하면 된다는 호강스러운 창업준비는 그 결과가 실로 불 보듯 뻔하다. 그것은 심장을 떼어놓고 살아나길 바라는 것이다.

외식업에서 창업준비의 시작은 장소 보러 다니는 것이 아니라, 판매해야 할 음식(표적상품)을 먼저 결정하고, 다음은 표적상품과 그것을 중심으로 한 보조상품, 전략상품(19쪽 '제1단계 무엇을 팔 것인가?' 참조)의 조리법을 계속 실습하는 것이다. 이미 성공한 업소에서 배우는 것도 좋지만, 조리학원을 찾아 표준조리법에 따라 원칙대로 배우는 것이 바람직하다. 이때 중요한 것은 누가 만들어도 똑같은 '맛' 이 나올 수 있도록 표준조리법의 조리순서와 방법을 자세하게 보강하여 알기 쉬운 '개량된 조리법' 을 만드는 것이다.

칼 한 번 안 잡아 본 사람이라도 재미있게 배울 수 있다. 다만 면허증이 있는 조리사의 의무고용은 복어를 조리하거나 판매하는 업소나 정부투자기관 등의 집단급식소로 제한되어 있으므로, 이들을 제외한 일반 업소의 오너가 조리사 면허증을 따기 위해 애쓸 필요는 없다.

설령 전문조리사를 고용할지라도 오너가 조리지식을 겸비하고 있어야만 조리사의 횡포를 방지할 수 있다. 이렇게 해야 하는 더 큰 이유는 변화하는 고객의 기호에 따라 계속적인 맛과 상품의 개발이 지속적으로 이루어져야 하나, 고용된 조리사에게 맛과 상품을 개발할 성의와 능력을 기대하기 어렵기 때문이다.

오너가 직접 외식시장의 동향을 주시하고, 적기에 적절한 판단을 내려 조리사를 리드해나가는 것이 중요하며, 그러려면 오너가 표적상품의 조리법을 훤히 꿰뚫고 있어야만 한다.

세계는 지금 인터넷의 발달로 글로벌 시장을 형성하고 있다. 한국의 호떡이 일본에 상륙해 쑥호떡, 야채호떡, 피자호떡 등 다양한 상품으로 개발되어 그들의 오방떡과 당당히 겨루고 있다.

자기의 소질과 취미에 맞고 자신 있는 상품을 선택해 서두르지 않고 차근차근 내실을 다져나아갈 때 세계시장의 정복도 꿈꿀 수 있는 것이다.

3) 틈새시장을 찾아라

고객의 취향에 따라 외식업은 여러 업종으로 나뉘어 있지만 그 어디에도 만족을 못하는 고객의 욕구도 있을 것이다. 그리고 사회의 변화가 창출한 새로운 필요와 욕구도 있다.

따라서 이미 개발 보급된 것 이외에 틈새로서, 미진한 것이나 빠뜨린 것을 찾아서 외식상품이나 서비스의 개발을 통하여 고객만족을 극대화해야 한다. 즉 현대인의 다양해진 개성에 초점을 맞추어 명쾌한 대안을 제시하는 것이다. 이런 니치전략(Niche Strategy)을 수행하기 위해서는 이미 세분화된 시장을 다시 쪼개어 먼저 표적시장(표적고객)을 선정하고, 다음 그 표적시장을 포지셔닝함으로써 공략할 틈새시장을 찾아내어 경영자원을 집중투자하는 것이다.

오늘날 대부분의 기업들이 어떠한 모양으로든 포지셔닝 개념을 도입하고 있다. 예를 들면 청정이미지로 건강에 민감한 현대인에게 파고드는 '풀무원,' 남아와 여아의 소변 부위가 다르다며 남아/여아 기저귀를 분리하여 시장을 공략하는 '팸퍼스,' 어린이 전용 저염도 치즈 '앙팡,' 중저가 의류브랜드인 '이랜드' 등등 포지셔닝 개념을 이용해 성공을 거두고 있는 것들이다. 따라서 외식시장에 대한 고정관념을 깨고 기존의 메뉴, 조리법, 고명(garnish) 등을 유심히 관찰 분석하여 틈새를 찾아내어야 한다.

기존의 외식상품일지라도 식재의 사용, 조리법, 데커레이션 등 고객의 불만요인을 정확하게 찾아내어 개선하거나 또는 새로운 소스를 개발하는 등 새로운 틈새를 만들어낼 수 있다.

2 점포 주위에 답이 있다

잘 되는 점포 옆에서 개업하라

옛 속담에도 사람은 나면 서울로 보내고 말은 제주도로 보내라 했던가. 성공에 대한 집념에 불타던 필자 역시 무작정 서울을 성공의 무대로 택했다. 나는 총자본이 1,400만원뿐인지라, 영업이 잘 되는 집 옆에서 그 기세에 눌려 망하고 나간 가게를 얻기로 애초부터 작정하고 장사가 잘 된다고 소문난 무교동, 북창동, 청량리, 영등포지역의 복덕방과 부동산을 두루두루 찾아다녔다.

두손들고 내놓은 가게라 권리금을 안 주고도 얻을 수 있다는 희망과는 달리 '바닥권리금'이라는 것이 수천만 원씩 되었다. 보증금과 월세 또한 턱없이 비쌌다. "예산이 얼마냐?"는 부동산 사장들의 물음에 주눅이 들어 숫제 말을 건넬 수도 없었다.

나는 도리 없이 서울 외곽지역으로 발길을 돌리지 않을 수 없었다. 성북역 부근과 의정부 지역을 알아보았으나 거기도 비싸기는 마찬가지였다.

소자본으로 서울 수준에 도전한다는 것이 억지라는 것을 깨닫고 1호선 전철을 타고 인천으로 내려왔다. 역시 없는 사람이 창업하기에는 임대료나 시설 수준면에서 비용이 적게 드는 지방이 좋았다.

외식업은 입지(立地)산업이라 할 만큼 장소가 중요하다. 때문에 좋은 자리를 구하기 위해 이곳 저곳 열심히 다니다 보면 거기가 거 긴 것 같고, 지친 나머지 분별력을 잃게 된다. 따라서 이미 검증된 좋은 장소를 선정하면 인적 물적 자원을 절약할 수 있고 실패의 확 률도 적은 맞불(일명 호랑이굴)작전을 펼칠 수 있다. 즉 영업이 잘 되는 기존 업소 옆에 바짝 붙어 개점하는 것이다.

고객이 몰려드는 업소는 표적상품과 표적고객 그리고 장소가 잘 조화되는 좋은 입지임이 입증된 곳이므로 기존 업소 옆에 바짝 붙 어 동일한 상품, 유사한 상품 또는 동일한 연령층의 표적고객이 좋 아하는 기타상품으로 근접전을 전개한다. 다만, 근접전의 성공은 '경쟁업소의 오너', '재정상태', '종업원', '시설'의 네 가지 측면 에서 비교 분석하는 전술적 검토가 선행되어야 한다.

먼저 경쟁업소 오너의 인품과 여론을 파악한다. 돈 좀 벌었다고 교만 떠는 자라면 가차없이 정면 공격하라. 그러나 예의 바르고 겸 손하며 매장과 고객을 직접, 열심히 챙기는 사람이라면 보다 신중 하게 판단하여야 한다.

둘째는 경쟁업소의 재정상태를 파악한다. 비록 영업이 잘 되어 돈을 많이 벌었다고 소문이 났을지라도 부채가 많다거나 또는 오 너가 도박을 즐긴다거나 허영심과 무리한 투자 등의 과다지출로 경영이 어려울 수 있다. 재정이 열악한 업소는 보다 쉽게 공략할 수 있다.

셋째는 종업원의 근무상태를 눈여겨보라. 동기부여가 되어 있는 가? 종업원들의 표정이 어둡고, 싸움질하는 소리가 들린다면 업소 의 조직관리에 구멍이 뚫린 것이다.

넷째는 시설의 제반상황을 살펴보라. 시설의 낙후로 인한 고객의 불편을 파악하고, 업소의 고장난 시설물을 신속히 수리하는지 여부를 살펴보아야 한다. 고객의 불편이 크면 클수록 근접전의 승산이 큰 것이며, 업소의 고장난 시설물이 장기간 방치되어 있다면 그 업소는 이미 기울기 시작한 것이다.

중국인이 터득해온 지략을 집대성한 책으로 『36계』[1]라는 중국 고전이 있다. 그 책의 마지막 제36계략이 주위상[2]이다. 승산이 없으면 근접전을 포기하라.

『손자병법』[3]에도 병력이 열세하면 퇴각하고 승산이 없으면 싸우지 않는다고 강조한다. 『오자병법』[4]에도 유리하면 공격을 가하고 불리하면 물러서는 것이 긴요하다고 강조한다.

그러나 승산이 있다고 판단되면 과감하게 행동에 옮겨야 한다. 이미 좋은 장소임이 입증된 곳이므로 음식의 맛과 근접전의 전략만 있으면 된다(158쪽 '3% 아이디어를 발휘하라' 참조). 경쟁업소에 고객이 많다는 것은 음식이 맛있다는 것이므로 표적상품의 맛은 경쟁업소와 동일하게 유지하여야 한다. 그렇다고 경쟁업소의 조리법에 대해 궁금해하거나 걱정할 필요는 없다. 정보를 공유하는 인터넷 시대에 정성은 있을지라도 비법은 없다. 각종 요리 사이트를 클릭하면 책에 없는 요리도 많고 최신 별미정보를 금방 얻을 수 있기 때문이다. 조리하기 전에 가상 음식을 만들어볼 수 있는 코너도 있다.

---

1) 저자불명, 삼십육계란 말은 1천5백여 년 전부터 사용.
2) 走爲上, 도망가는 것이 상책이다.
3) 孫子兵法, 춘추시대 손무가 BC 6세기경에 지음.
4) 吳子兵法, 전국시대 오기가 지음.

혼자서는 경쟁업소의 상품을 모방하기가 부담스럽다면 조리학원을 찾아도 좋다. 다만 음식을 고객 앞에 내놓을 때 데커레이션을 보다 세련되게 함으로써 경쟁업소보다 한 단계 높은 상품의 이미지를 심어주어야 한다. 그리고 경쟁업소에서 느끼는 고객의 불편이나 불만을 자기업소의 장점으로 전환시켜야 한다.

산을 보고 나무를 택하라

산은 업소가 자리잡게 될 지역이요, 나무는 장소다. 우선 좋은 입지를 선정한 후에, 그 입지 내에서 최상의 장소를 선택하여야 한다. 입지선정의 실패는 곧 사업의 실패로 이어지므로 육감이나 기분에 좌우되거나 요행을 바라서는 안 된다. 창업자들이 빠지기 쉬운 함정 중의 하나가 소개받은 업소의 인테리어에 마음이 끌려 입지상의 결점은 찾아내지 못하는 것이다. 겉으로만 보기 좋은 나무 한 그루에 눈이 멀어 황폐한 산은 깨닫지 못하는 셈이다.

'먼저 산을 보고 나무를 택하라'

좋은 입지를 찾는 지름길은 없다. 앞에서 결정한 표적상품, 표적고객, 마케팅 방향(18쪽 '먼저 3단계 전략을 세워라' 참조)의 세 가지 잣대를 가지고 꼼꼼히 재보아야 한다. 부동산 중개업소나 지역정보지 또는 인터넷이나 아는 사람으로부터 임대업소를 소개받으면 한 걸음 물러서서 자세히 확인하는 여유를 가져야 한다. 영업을 처음 시작하는 사람일수록 외식업에 상식이 없기 때문에 그들의 달콤한 말에 솔깃하여 오판하기 쉽다.

'남의 말을 믿지 말고 반드시 자기 발로 확인하자.'

외식업 성공 제1법칙을 소홀히 생각하면 안 된다. 좋은 장소를 찾기 위해서는 발이 부르트도록 다니며 내 눈으로 직접 확인하여야 한다.

자신의 투자자본에 적절하고 3단계 전략에 근접한, 마음에 드는 장소가 있다면 최소한 월요일부터 일요일까지 일 주일간, 점심시간대(낮 12시~오후 3시)와 저녁시간대(오후 6시~밤 9시)로 구분하여 유동인구와 인근 업소의 고객 내점률을 확인하여야 한다.

만일 표적상품이 해장국류(예: 우거지 국밥, 소머리 국밥, 뼈장국, 순대국, 설렁탕, 북어국, 누룽밥 등) 등일 경우나, 입지가 역세권 또는 유흥업소 밀집지역일 때에는 심야 및 새벽, 아침시간을 추가로 파악해야 한다.

▶체크리스트 활용방법

① 예상업소 앞에서의 유동인구 체크리스트

월   일   요일

시간 / 성 예측연령	여자-표적고객 연령층		남자-표적고객 연령층	
	대	대	대	대
점심시간 (낮 12시~오후 3시)				
저녁시간 (오후 6시~밤 9시)				
심야, 아침시간— 표적상품이 심야상품일 경우				

- 소개받은 업소가 내가 결정한 〈3단계 전략〉 즉, 표적상품과 표적고객, 마케팅 방향과 일치하는지 확인하는 것이다.
- 예측연령은 눈으로 보는 연령을 말하며, 표적고객 연령층의 유동인구만 남 · 여 구분하여 正자로 체크한다.

② 예상업소 인근 경쟁점의 고객 내 점수 체크리스트

월　일　요일

시간＼경쟁업소	식당	호프	집
점심시간 (낮 12시~오후 3시)			
저녁시간 (오후 6시~밤 9시)			
심야, 아침시간— 표적상품이 심야상품일 경우			

- 시간대별로 경쟁이 예상되는 기존업소의 고객 내 점수를 파악하는 것이다.
- 부부가 분담 또는 시간제 아르바이트를 활용해 경쟁점 출입인원을 正자로 체크한다.

③ 입지 내 유동인구 유발요소 체크리스트

유발 요소	접근거리(M)	도보접근시간(분)	차량접근시간(분)

- 경영자가 도보 또는 차량으로 유발요소(42쪽 '좋은 장소의 다 섯가지 조건' 참조)에서 예상업소까지 접근하는 시간을 체크 하면서 표적고객이 주로 이동하는 동선의 흐름을 파악하여야 한다.
- 영세업소일수록 사람들의 자연스러운 흐름선상에 위치하는 것 이 유리하다.

1) 표적고객을 찾아라

BC 49년 1월, 갈리아와 이탈리아 국경인 루비콘 강을 건너, 로 마로 향해 진격하면서 카이사르는 외쳤다.

'주사위는 던져졌다.'

그렇다, 이제 〈3단계 전략〉에 맞는 장소를 찾기 위해 발로 뛰어 야 한다. 어디로 발길을 옮길 것인가?

먼저, 표적고객(공략해야 할 연령층)이

- 1방향, 잘 가는 장소는 어디인가?
- 2방향, 모여드는 지역은 어디인가?

●3방향, 주거 밀집지역은 어디인가?

세 방향으로 분류하여 후보지역(입지)을 선정하여야 한다.

실례를 들어 표적상품이 햄버거라면, 표적고객은 십대 말부터 이십대 중반까지일 것이다. 따라서 십대 말부터 이십대 중반까지의 연령층이,

■ 1방향, 잘 가는 장소는 어디인가?

대학가나 학원가 그리고 종합문화예술 공연장, 대형서점, 개봉관 극장 등일 것이다. 대학가나 학원가는 여학생 비율이 많은 곳이어야 하며, 학원가는 중고등학생이나 재수생보다는 직장인 중심의 성인 학원가가 구매력이 높다.

■ 2방향, 일과 후에 모여드는 지역은 어디인가?

전철역이나 버스터미널 또는 지역적 특성에 따라 형성된 먹자골목 등일 것이다. 동일한 역세권일지라도 다수가 이동하는 동선의 흐름이 있다. 출근시간보다 퇴근시간에 붐비는 도로 쪽을 택해야 한다.

■ 3방향, 주거 밀집지역은 어디인가?

표적고객이 십대 말부터 이십대 중반이며, 표적상품이 햄버거이므로 30평 이상의 중상층 아파트 밀집지역이 구매력이 높을 것이다. 따라서 적절한 아파트 밀집지역을 후보지역에 포함시킨다.

이렇게 세 방향으로 나누어 후보지역을 선정하고 현장확인에 들

어가야 한다. 특히 중요한 것은 각 후보지역과 표적상품과의 상호 연관성을 판단하는 것이다.

실례를 들어, 표적상품이 햄버거이고, 표적고객이 십대 말부터 이십대 중반까지일 경우,

■ 1방향, 잘 가는 장소는 어디인가?에서

개봉관극장 지역일 경우, 관람객들이 표를 사거나 친구를 기다리는 동안 햄버거, 치킨, 감자튀김 등은 좋은 먹거리가 되므로 적합하다.

■ 2방향, 일과 후에 모여드는 지역은 어디인가?에서

먹자골목일 경우에는, 표적고객인 십대 말부터 이십대 중반이 모여드는 지역인 것은 분명하지만, 그곳에서는 주로 술을 마시는 경향이 강하기 때문에, 표적상품인 햄버거 전문점은 부적절하다.

■ 3방향, 주거 밀집지역은 어디인가?에서

30평 이상, 중상층 아파트 밀집지역일 경우, 패스트푸드는 신세대들이 귀가 전까지 출출함을 달랠 수 있는 좋은 먹거리이며, 즐거운 여가의 장소로 제공되므로 적합하다.

세 방향으로 후보지역을 선정하고, 그 지역과 표적상품과의 상호연관성을 꼼꼼히 판단한 뒤 후보지역별로 예상업소를 찾아나선다.

물론 부동산 중개업소(정식 자격증이 있는 곳을 이용해야 함)나

지역 정보지 또는 아는 사람을 통하여 자기 자본에 적합한 장소를 소개받고 우선 순위에 의해 현장확인을 시작하여야 한다.

예상업소를 확인할 때 중요한 것은 장점보다는 결점을 찾는 태도를 가지는 것이다. 장점은 즉시 눈에 띈다. 특히 그 장소에 반하게 되면 더욱 그렇다.

결점은 눈에 보이지 않는다. 그러나 먼저 결점을 찾아내어야 한다. 업소 자체의 결점과 입지상의 결점을 꼼꼼히 찾아서, 그 결점을 어떻게 없앨 수 있는가 혹은 커버할 수 있는가를 염두에 두고 만약 없애거나 커버할 수 있다면 그곳은 좋은 장소가 된다.

그리고 영업이 잘될 때에 업소를 확장할 수 있는 측면과 상하층의 공간활용 여부도 살펴보아야 한다. 또한 고객이 몰려들어서 어느 정도 소문이 나면 반드시 경쟁업소가 출현하므로 장소를 판단할 때 경쟁업소의 입점이 예상되는 위치와 건물 등도 사전에 의식하여 장기적인 대책을 세울 필요가 있다.

이제 시작이다!

인간은 큰 바위 덩어리에 걸려 넘어지는 것이 아니라 조그만 돌뿌리에 걸려 넘어진다. 사소한 것이라도 놓치지 말고 세심하게 확인하여야 한다.

세 종류의 체크리스트를 들고 예상업소로 나가 철저히 확인하라. 성공은 땀 흘린 만큼 만들어진다.

2) 좋은 장소의 다섯 가지 조건

좋은 장소란 고객이 모여들기 용이한 지역에서, 고객이 원하는 음식을, 편안하게 즐길 수 있는 곳이다.

외식업은 대체로 임대료가 비싼 대로변보다는 큰길에서 조금 안으로 들어간 골목에 상권이 형성된다. 이런 곳은 대개 큰길에 비해 차량의 진출입과 주차가 쉽다. 그리고 소음이 적어 심리적으로 안정된 분위기를 준다. 그렇다고 무조건 골목이 좋은 것은 아니다. 다음의 다섯 가지 조건을 두루 갖춘 위치를 찾아내야 한다.

■ 주차의 편의성

널찍한 주차장이 있다면 더할 나위 없이 좋다. 그러나 주차장이 없다면 용이하게 주차할 수 있는 지리적 여건을 갖춘 곳이어야 한다.

이미 상권이 형성된 도심지의 골목은 대부분 가게들이 붙어 있어 사실상 노변주차가 어렵다. 따라서 그 일대의 공용주차장과 가까운 거리에 위치한 업소가 유리하다. 만일 주변에 주차할 만한 여건을 갖추지 못한 지역일 경우에는 외식업소로서는 부적합하다. 다만 초중고생이나 재수생 등 자가용 차량이 없는 층을 표적으로 삼는 상품일 때는 주차공간이 확보되지 않아도 무방하다.

■ 시계의 양호성

무점포 택배 전문음식점이나 인터넷 배달 판매업 등을 제외하고는 입지에 의존하는 외식업은 시계성이 중요하다.

좋은 입지란 바로 좋은 시계성이며 그것은 곧 매출로 이어지는 것이다. 여기서 시계성(視界性)이란 "업소를 눈에 띄게 하는 것"이며 "업소의 존재를 알리는 것"을 말한다. 이러한 시계성은 네 가지를 기준으로 검토하여야 한다.

첫째, 어느 곳에서 보여야 하는가?

시계성 검토는 유동인구 '유발요소'를 기점으로 생각해야 한다. 유발요소란, 고객이 방문할 업소 부근에 위치한 눈에 띄는 건물이나 장소를 말한다. 다시 말해 전철역 및 버스터미널, 대형소매점(백화점, 쇼핑몰, 재래시장 등), 대형교차로, 대형스포츠센터, 학교, 학원가, 관공서, 아파트 단지, 주택가 등 사람들이 집중적으로 모여드는 시설이나 장소를 유발요소라고 하는 것이다. 이러한 유발요소는 사람이 모여드는 장소이면서 실제로 업소에 내점하는 사람이 모이는 장소여야만 한다. 즉 내가 공략할 표적고객층이 모이는 유발요소여야만 한다.

따라서 유발요소에서 업소가 보이거나 또는 보이지 않을지라도 업소의 존재를 알릴 수 있는 간판이나 상호를 새긴 시설물의 배치 등을 통하여 업소의 존재를 어필할 수 있어야 한다.

유발요소에서 업소가 직접 보인다면 시계성은 가장 좋은 것이다.

둘째, 무엇을 보여야 하는가?

누가 보아도 무슨 업소인가 한눈에 알게 해야 한다. 실내가 보이지 않거나 화려한 업소 설계에 열중한 나머지 도대체 무슨 장사를 하는 집인지 알 수 없게 만들면 안 된다. 특히 프랜차이즈 업소인 경우는 고유간판이나 건물을 통해서 고정된 이미지를 알려야 한다.

셋째, 어느 정도 거리에서 보여야 하는가?

통행인에게는 30~50미터 전방에서 보여야 한다. 차량은 300미터가 기준이다. 일반적으로 사람은 간판을 본 후에 실제 구매행동을 결정하기까지 약 3초 가량이 걸리며, 그 결심의 지속시간도 3초 가량이다.

업소의 존재를 안 뒤에 업소 바로 앞까지 도달하는 시간은 약 30초에서 40초 걸린다.

계산상으로 시속 4킬로미터로 걷는 통행인은 30~40초 동안에 약 30~50미터 나아간다. 시속 40킬로미터로 달리는 자동차는 마찬가지로 300~500미터 전진한다. 물론 그 업소의 고유조건에 따라 이 거리는 조정되어야 한다. 다만 업소의 존재를 알게 되는 최초의 3초가 고객의 결심에 결정적인 영향을 끼친다. 그러므로 손님이 업소와 접촉하는 최초의 접점(115쪽 MOT, Moment of Truth 참조)에서 업소에 대한 강렬한 첫인상을 느끼도록 하는 방안이 업소실정에 맞게 강구되어야 한다.

업소 바로 앞에서 업소가 잘 보이는 것은 당연하다. 그러나 눈앞에 바로 보여도 구매행동으로 이어지지 않으면 소용없다. 50미터 앞에서 인지시키고 구매행동으로 옮기는 준비시간을 주는 것이 중요하다.

넷째, 누구에게 보여야 하는가?

당연히 표적고객에게 보여야 한다. 표적고객이 모여드는 유발요소에서 업소가 편안한 각도에서 자연스럽게 눈에 들어오게 해야 한다. 특히 통행인의 시선이 중요하다.

통행인의 시선이 왼쪽을 향하는데 오른쪽에 업소를 만들면 눈에 쉽게 들어오지 않는다. 커브길인 경우에 바깥커브에 있는 업소는 보이지만 안쪽커브에 있는 업소는 눈여겨보지 않으면 잘 눈에 띄지 않는다. 업소가 자연스럽게 눈에 들어오는 것이 중요하다.

■ 접근의 용이성

고객이 업소를 인지하고 도보나 차량으로 접근하는 데 불편이 없는 길이어야 하며, 업소 내부로 들어올 때에도 고객에게 불편을 주는 통로여서는 안 된다. 편안하고 자연스럽게 빨려들 듯이 들어올 수 있는 접근로여야 한다.

장사를 할 때, 1층이 가장 좋다. 그러나 외식업은 꼭 1층일 필요는 없다. 빌딩의 층별 가치는 1층을 100으로 볼 때 [표 1]과 같다.

지하는 밑으로 내려가기 때문에 다소 불안감이 들며, 답답하고 통풍이 안 된다는 인식으로 고객의 접근률이 낮다. 2층은 도로변이라면 시계성에서 그리고 일반적인 고객의 인식에서 지하보다 유리하다.

전망이 좋고 엘리베이터 시설이 좋을 경우 최상층은 1층보다 가치가 높다. 지하나 2층의 경우 계단 상태가 고객접근에 중요한 영향을 미친다.

계단이 붙어 있는 경우 외부에서 직접 올라가는 것이 이상적이다. 일단 빌딩 속으로 들어와서 계단이 있다면 불리하다. 출입문이 없다면 그래도 나은데 문이 있고 그곳에 들어가야 계단이 나온다면 더욱 불리하다. 계단수는 천장 높이에 따라 다르지만 일반적으로 15~17단 내외가 적절하다.

층별	가치
최상층	120
3층 이상	50
2층	75
1층	100
지하 1층	70

[표 1] 빌딩의 층별 가치표

이보다 작으면 상당히 급한 계단으로, 보기만 해도 위험이 느껴져 고객이 거부감을 갖는다. 계단의 폭은 12센티미터 정도가 이상적이며, 최저 9센티미터는 되어야 한다. 이보다 폭이 좁으면 상당히 답답한 느낌이 든다.

업소규모가 매우 작은 경우는 다르지만 일반적으로 노면에서 바로 업소내부로 들어가는 입구는 불리하다. [그림 2]와 같은 경우에는 고객이 멈출 수가 없고 사람들의 흐름에 떠밀리게 된다. 따라서 [그림 3]과 같이 들어간 공간에 고객이 머물러 있다가 들어갈 수 있도록 설계하여야 한다.

업소가 유발요소와 근접해 있고 고객이 노면에서 바로 업소 내부로 들어가는 경우에 출입구의 위치도 매출에 영향을 준다. 일반적으로 귀가하는 고객을 목표로 삼기 때문에 [그림 4]처럼 유동인구 유발요소의 방향으로 출입구를 만들어야 한다.

주차장이 있을 경우에는 유발요소 방향 쪽에 주차장을 두고 주차장에서 내려서 바로 들어올 수 있는 간이 입구를 만들어야 한다.

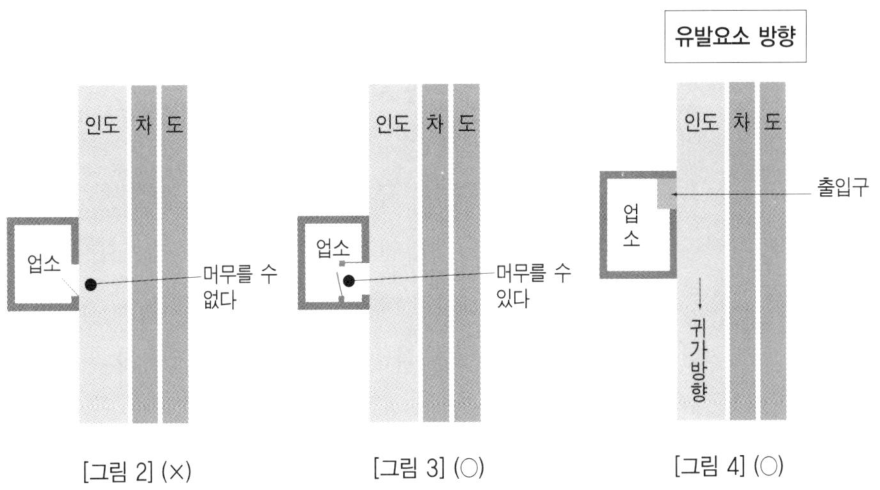

[그림 2] (×)　　　[그림 3] (○)　　　[그림 4] (○)

■ 공공시설(유발요소)의 인접성

목표로 하는 표적고객층이 모여드는 유발요소가 인근에 있어야
한다.

■ 대중교통의 편리성

업소 가까운 주위에 버스 정류장이나 전철역 등 대중교통 수단
이 연결되어야 한다.

지금까지 골목에 위치한 업소로서 구비하여야 할 다섯 가지 좋은
장소의 구비조건을 살펴봤다. 오너는 무엇보다도 고객의 입장에서
판단을 내려야 한다. 물론 넓은 주차장이 있는 대형업소라면 대로
변이 가장 이상적이다. 그러나 대로변은 임대료가 너무 비싸므로
외식업은 골목상권을 찾는 것이 바람직하다.

한적한 대로변인 경우는 차량 속도가 빠르게 이동하므로 간판의
역할이 결정적이다. 즉 시속 80킬로미터로 달리는 대로변의 업소
라면 업소 전방 600~800미터 지점에 대형간판을 설치하여 고객의
구매심리를 자극하고 이어서 30~40초 내에 미끄러지듯 업소 내부
로 진입할 수 있도록 편안한 출입구를 가져야 한다.

어느 정도 상권이 형성되어 있는 대로변에서는 잠깐 들렀다 가
는 간이 음식점이 적합하다. 예컨대 소규모 분식집, 만두전문점,
튀김집, 백반집, 해장국집, 라면전문점, 도시락전문점, 저가 뷔페,
소규모 패스트푸드점, 치킨집, 커피숍 등이 유망하다.

토속음식, 보신식품, 희귀식품이나 카페 등은 교외에 위치하는
것이 유리하다.

3) 투자를 줄이는 테이크아웃 영업방식

사회가 수직사회에서 수평적 사회로 변화해가면서 권위를 부정하는 젊은이들 사이에 서서 즐기는 스탠딩 문화가 확산되고 있다. 거리에서 커피를 마시고 서서 음악을 즐기고 심지어 회의까지도 시간을 절약하고 빠른 의사소통과 의사결정이 이루어지도록 스탠딩 미팅으로 5분 이내에 끝낸다.

식품 및 음료업계에서도 스탠딩 문화에 발맞춘 제품으로 들고 다니면서 먹고 마실 수 있는 케이크, 커피, 빙과류 등의 판촉에 열을 올리고 있다.

이러한 젊은이들의 스탠딩 취향에 맞춘 테이크아웃[1]매장이 어느 때보다도 전망이 밝다.

우리나라에 주문판매와 배달판매를 겸한 테이크아웃 영업방식이 처음 도입된 것은 지난 1990년 제일교포가 부산에 〈따끈따끈 도시락〉이라는 상호로 점포를 개점한 것이 최초이며, 뒤이어 〈미가〉에서 1991년 7월 신사동에 1호점을 개점하였고, 〈한솥〉, 〈진주랑〉 등의 도시락 체인점을 중심으로 확산되었다.

그후 피자전문점을 비롯하여 김치류 등의 반찬과 참치회 전문점, 생선회 택배점, 김밥 전문점, 중국 음식점 등 테이크아웃 영업방식의 업소들이 계속 늘어났다

식탁이 없는 이러한 음식점은 우선 임대료와 인건비 등의 비용을 크게 줄일 수 있다. 더구나 최근에는 독신자와 맞벌이 부부가 증가하는 등 여성의 사회진출이 늘어남으로써 좀더 신속하고 간편한 음

---

1) take-out, 음료나 음식을 구입해 매장 밖으로 들고 나가는 방식.

식문화가 요구되므로 테이크아웃 영업방식의 전망이 더욱 밝다.

테이크아웃 방식으로 창업할 경우 10평 미만(최대 12~13평에서 최소 4평 정도)의 규모에 조리시설과 판매대만을 갖추면 되므로 임대료 등 개점비용을 일반 음식점의 절반 이하로 줄일 수 있다.

또한 배달을 하지 않는 순수 테이크아웃 매장일 경우 홀서빙 인원뿐 아니라 배달인력까지 줄일 수 있어 인건비 비율을 기존의 절반 수준으로 낮출 수 있다.

이러한 영업방식이 성공할 수 있는 입지는 표적고객과 표적상품에 따라 다르나 대체적으로 유동인구가 많은 전철역이나 버스터미널 또는 사무실이나 상가가 밀집한 번화가, 여학생 비중이 큰 대학가 또는 주택가나 아파트 단지 등이 유망하다.

장소만 제대로 선정한다면 자판기 시스템으로 테이크아웃 시장에 진입하여도 성공을 거둘 수 있다. 현재 커피음료자판기뿐만 아니라 라면, 우동자판기, 아이스크림자판기, 쥐포자판기 등을 비롯해 여러 가지 생필품자판기까지 다양하게 개발되어 있다. 자판기 시스템은 조리시설과 판매대도 불필요하므로 투자비용을 더욱 줄일 수 있다. 그리고 좁은 장소에서도 가능하므로 유동인구가 많은 번화가나 유흥가 일대에서 도로변의 자투리땅을 활용할 수 있으며 또는 기존 점포의 일부 코너만 임대해도 창업이 가능하다.

유의할 것은 무인판매 시스템은 업소 공간이 좁기 때문에 시선을 끌기 위한 방법이 동원되어야 한다는 점이다. 따라서 조명이 들어간 간판을 설치하고 실내 인테리어를 밝고 깨끗한 이미지로 마감하여야 한다. 무인경비 시스템을 갖추면 24시간 운영할 수 있다. 다만, 커피 등 냉온음료나 라면 등 유사 상품을 판매하는 인근 업소로부터 방해를 받을 수 있다는 것도 염두에 두어야 한다.

3 맛이 보이도록 점포를 가꾼다

➡ 인간의 본능을 거스르지 말라

업소설계의 일관된 시각은 고객 중심주의이다. 다음의 두 가지
는 인테리어에서 꼭 체크해야 할 중요 사항이다.

첫째, 시설이 아무리 훌륭할지라도 식당에서 고객이 편안함을
느끼지 못한다면 아무런 의미가 없다. 눈에 보이는 장식성 위주의
시각적인 아름다움보다는 고객의 편안함을 최우선으로 삼아야 한
다. 편안함을 추구하는 것은 인간의 본능이다.

둘째, 업소의 이미지를 대변하는 디자인이어야 한다.

업소에서 고객에게 심어주고자 하는 업소의 일관된 테마를 표현
하는 것이다. 업소의 겉모양에서부터 인테리어, 상호, 마크, 로고,
캐릭터, 유니폼 그리고 음식의 이름에 이르기까지 고객에게 알리
고자 하는 업소의 주제로 일관되어야 한다. 디자인은 업소의 말없
는 세일즈맨이다.

1) 설계 때부터 고객의 동선을 고려하라

사람들은 업소 안에서도 무의식 중에 습관대로 움직인다. 왼쪽 통행에 익숙하므로 왼쪽에 붙어서 걷고 엘리베이터에 내려서는 무심코 왼쪽으로 방향을 트는 경향이 많다. 그리고 오른손잡이가 대부분이므로 오른쪽에 있는 물건을 먼저 집게 된다.

인간은 심장이 있는 왼쪽을 중심으로 왼쪽으로 도는 것이 자연스러운 현상이라고 한다. 카페테리아에서도 레인을 마주보고 왼손으로 쟁반을 들고 오른손으로 음식을 잡으며 오른쪽 방향으로 이동하면서 오른쪽 끝에서 계산하는 것이 자연스럽다. 업소를 설계할 때부터 고객이 움직이는 동선을 분석하고 주방, 화장실, 출입문, 카운터의 위치를 잡고 식탁, 냉장고, 정수기, 자판기 등 시설물을 배치하여야 한다.

인간공학적 테크놀리지를 외면해서도 안 된다. 식탁과 의자를 바닥에 고정하는 붙박이식 좌석은 불편하다.

그리고 어떤 이유로든 고객의 진입, 출입 동선을 방해해서는 안 된다. 설거지 그릇이 주방으로 들어가는 동선과 음식을 제공하는 동선이 서로 충돌해서도 안 된다. 즉 업소 내에서는 고객의 진입, 출입과 음식을 제공하고 그릇을 치우는 세 개의 동선이 서로 충돌되지 않도록 설계 때부터 고려해야 한다.

미국 라스베가스 카지노 호텔에서는 객실이 이천 개가 넘는 고급스러운 메가 카지노 호텔만 별도로 로비를 두고 있고 대부분은 로비가 없다. 투숙객의 동선을 카지노 게임장 내부로 돌려 게임을 하도록 유도하기 위해서다. 물론 물 흐르듯 자연스럽게 게임장으로 유입되도록 고객의 동선을 최우선으로 고려한 것이다.

2) 출구에서 객실까지 바닥을 평평하게 하라

출구에서 객실까지 바닥에 턱이 있어서는 안 된다. 계단식 바닥은 더더욱 안 된다. 내부고객인 유능한 종업원이 장기간 근무하도록 하려면 근무환경이 좋아야 한다. 무거운 음식그릇을 쟁반에 담아들고 나르게 하면 쉽게 지친다. 돈을 벌어주는 종업원이 지치고 짜증스러우면 화풀이는 고객에게로 간다. 따라서 음식 운반 카트를 사용하도록 해야 한다.

두 손에 무거운 음식쟁반을 들고서는 고객 서비스는커녕 인사도 제대로 할 수 없다. 그릇을 담은 쟁반을 카트에 올려놓고 몸이 자유로워진 다음에야 고객을 기쁘게 하는 서비스를 생각할 수 있다.

매출을 증진시키는 기본이 내부고객인 종업원을 최대한 편안하게 근무하도록 환경을 조성하는 것이다. 업소의 바닥에 기복이 있으면 음식 운반 카트를 사용할 수 없다. 업소의 바닥을 평평히 하라.

술을 드신 고객이나 나이 드신 고객, 어린 고객에게도 바닥에 기복이 있으면 안전사고의 원인을 제공하게 된다. 접객실을 온돌방으로 꾸밀 경우에도 음식 운반 카트를 사용할 수 있도록 기술적인 배려가 필요하다. 접객실이 온돌방일 경우 신경 써야 할 또 하나는 고객의 구두가 바뀌지 않도록 설계하는 것이다. 가능한 접객실 곁에 신발장을 두어서 구두로 인해 일어나는 소란을 미연에 방지하여야 한다.

3) 활동공간을 넓게 하라

탁자를 하나라도 더 늘리기 위해 고객의 통로나 활동공간을 좁게 했다고 하자. 과연 이 업소는 예상처럼 고객이 많이 몰려올 것인가?

그러나 결과는 정반대로 나타난다.

사람들은 낯선 사람과 몸을 부딪치는 걸 본능적으로 싫어한다. 통로공간이 좁거나 옆 좌석과 너무 가까우면 서로가 불편하다. 식사는 물론이고 대화조차도 불안하다. 옆 좌석의 눈치를 보면서 웅크리고 먹는 음식이야말로 즐거울 리 없다.

즐겁기는커녕 고객끼리 시비가 일어날 판이다. 결국 편안하지 못하기 때문에 사람들은 바로 떠난다.

탁자 수를 대폭 줄여서라도 고객의 프라이버시를 존중하라. 어떤 경우에라도 고객의 본능을 자극해서는 안 된다.

4) 아이들을 즐겁게 하는 시설설비를 갖춰라

아이들은 미래의 고객이다. 그리고 막무가내로 엄마 아빠 손을 끌고 들어오는 업소의 호객꾼(?)이다. 아이들을 즐겁게 하기 위한 놀이방 시설은 이제 업소의 필수 부대시설이 되었다. 미끄럼틀을 설치하고 폭신폭신한 공으로 가득 찬 볼 풀을 만들고 최신판 레고 장난감을 준비해놓자. 동화책, 만화책도 비치해 놓고 어린이 만화 영화도 상영하자. 껑충껑충 뛰기 좋아하는 어린이를 위해 트램폴린도 갖춰 놓고 놀이방 바닥과 벽면에 쿠션을 설치하여 마음껏 뛰고 뒹굴 수 있는 어린이 천국 '놀이터'를 만들자.

기념사진을 촬영할 수 있는 어린이 전용 파티룸을 만들면 더욱 매출을 신장시킬 수 있다. 그리고 부모들이 식사하는 객실에 모니터를 설치하여 아이들이 노는 모습을 지켜볼 수 있도록 하면 보다 편안하게 음식을 즐길 수 있다.

그러나 대부분의 업소에서는 아직 놀이방은 꿈도 못 꾼다. 그러나 놀이방은 아니더라도 아이들에게 우호적인 시설은 갖출 수 있다. 여성화장실에 기저귀 교환대와 남자 어린이용 소변기를 만들어 엄마를 편하게 하자. 그리고 어린이 전용 식기 및 포크와 턱받이를 준비하자.

어른들도 아기를 안고서는 식사를 제대로 할 수가 없다. 손에 여유가 없어 음식을 즐길 엄두가 나지 않는 것이다. 사람들은 손이 자유로워야 식탁의 음식에 관심을 갖게 된다. 아기를 안은 고객의 손을 자유롭게 하기 위해서 보행기를 준비하라. 보행기에 아기를 내려놓고 자유로워진 손으로 마음껏 음식을 즐길 수 있도록 하는 것이다.

매출을 올리는 것은 어떤 방식으로든 고객을 편안하게 만들어 주는 것이다. 업소의 출입구가 유모차가 드나들기 불편할 정도로 좁거나 계단식일 경우 가족 고객에게 불편하다. 사람들은 아이들이나 노인들에게 친근한 업소를 좋아한다.

특히 어린이용 후식을 준비하고 나아가 어린이 전용 무료음식을 준비하면 더욱 공격적인 경영을 전개할 수 있다.

아이들에게는, 아이스크림을 마음껏 먹고 피자, 햄버거도 공짜로 먹을 수 있는 업소야말로 가장 가고 싶은 최고의 업소일 것이다. 뱃속에 아기를 가진 엄마들까지도 태어날 아기의 단골집으로 점찍어둘 것이다. 태어날 단골을 위해 투자하라. 그들이 평생단골로 이어질 것이다.

주방은 업소운영의 핵심이다

오늘날과 같이 주방에서 사용하는 기구나 기물의 모습이 갖추어지기 시작한 배경은 그리스 로마시대의 조리장면 벽화에서 그 유래를 찾을 수 있다. 그후 조리용 기구의 발전이 거듭되어 19세기말에는 냉장기능과 가스시설을 갖춘 주방이 등장하였다.

우리나라는 조선말기 개화기를 맞으면서 서양문물과 함께 서비스 영업이 도입되어 주방 및 주방시설의 현대화가 본격화되었다. 현대에 이르러 관광산업의 발전과 더불어 1963년 국내 최초의 리조트호텔인 워커힐호텔이 개장함으로써 본격적인 현대적 시설과 장비를 갖춘 주방이 출현하게 된다.

1) 주방 종사원의 생산성을 높이는 시설물 배치

주방은 외식업소가 판매하는 상품의 질을 결정하는 핵심적인 공간으로 업소운영은 주방을 중심으로 이루어진다. 음식상품을 생산하기 위한 조리작업은 장시간 서서 해야 하므로 무엇보다도 종사원들이 피로와 스트레스를 덜 받을 수 있도록 인간공학적인 측면에서 작업공간의 시설물을 설계하고 배치하여야 한다.

조리작업의 동선은 짧을수록 이상적이며 최단의 동선과 왼쪽돌기로 작업을 진행하도록 시설물을 배치하는 것이 바람직하다. 조리할 때도 왼손으로 프라이팬을 잡고 오른손으로 젓가락을 쥐고 왼쪽으로 몸을 회전하여 그릇에 담도록 하는 것이 자연스럽다.

설거지를 할 때도 오른손으로 받아 왼손 방향으로 씻도록 씽크대를 사용하는 것이 작업능률을 높일 수 있다. 서서 작업하는 사람에게 알맞은 작업대의 높이는 보통 작업자가 작업대 위에 팔을 올려놓고 자연스러운 자세로 서서 팔꿈치보다 5~10센티미터 정도 낮은 것을 기준으로 설치하여야 한다. 작업대의 밑받침은 높이를 조절할 수 있어야 하며 조절범위를 10센티미터로 제작하는 것이 합리적이다.

2) 특히 주의해야 할 주방시설

주방의 바닥이나 벽을 시공할 때는 먼저 수도나 배수관 및 전기, 가스배관 등을 묻어야 한다. 그리고 주방바닥과 바닥에서 1.3미터 높이까지의 내벽 마감재는 기름기와 수분을 흡수하지 않으며 반복적인 물세척에도 견딜 수 있도록 내구성이 강한 재질을 사용한다.

바닥과 벽이 닿는 모서리는 [그림 5]와 같이 R이 5센티미터 정도 되도록 둥글게 함으로써 오물의 부착을 막고 청소도 쉽게 할 수 있도록 한다. 특히 바닥은 주방기기 및 기물의 하중을 견딜 수 있도록 단단하며 미끄럼을 방지할 수 있는 재질로 마감하되 1/100의 경사로 시공함으로써 물이 고이지 않고 자연스럽게 빠지게 한다. 이

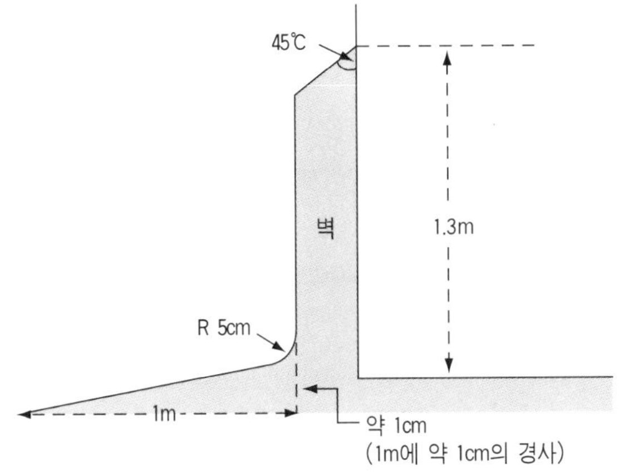

[그림 5] 주방의 바닥과 벽

때 배수구의 폭은 200밀리미터가 바람직하다.

주방의 천장은 전기배선과 전등이 부착되어 화재의 위험성이 높은 관계로 내열성과 내습성이 강한 소재로 처리하여야 하며 천장의 높이는 바닥에서 2.5미터 정도가 적당하다.

주방의 조명은 50~100룩스, 작업대는 200룩스 이상이 적절하며 흰색 형광등은 색 감각을 둔화시켜 음식에 다각적인 영향을 주므로 사용해서는 안 된다. 그리고 스테인리스로 된 작업대나 조리기기 및 기물의 반짝임으로 인한 눈부심을 방지하기 위하여 필요한 공간에 스크린 및 부분 조명시설을 추가하여야 한다. 또한 조리시에 발생하는 냄새, 수증기, 연기, 열 등을 안전하게 실외로 배출시키기 위해 냄새 등의 발생원 상부에 후드를 설치하여야 하며, 이때 후드로 인하여 작업자의 머리가 다치지 않도록 안전하게 설치하여야 한다.

우리나라에서는 아직 식품취급시설의 최적 조건에 대한 기준이 정해져 있지 않지만 실온 섭씨 17~18℃, 습도 40~70%가 적당하

며 냉방의 경우에는 외부와의 온도 차이가 섭씨 7도 이하인 것이
좋다.

3) 주방 종사원의 위생관리

주방 종사원의 개인적인 위생은 곧 고객들의 건강 및 안전과 직
결되므로 철저한 위생관념으로 자기를 관리해야 한다. 음식을 조
리할 때는 안전하고 청결한 조리기기 및 기물을 사용함으로써 식
품의 오염을 차단하여야 한다.

특히 외식업이 직업인 조리사에게 조리기기나 기물은 평생을 함
께 할 소중한 재산이므로 매일 씻고 닦고 확인함으로써 항상 원형
이 유지되도록 관리한다.

주방 종사자의 손은 조리의 필수적인 도구이므로 조리작업 개시
직전, 용변 후, 오물 취급 후, 또는 기타 일로 조리구역 이탈 후 복
귀 시에 반드시 깨끗이 씻어야 하며, 조리작업 중에도 한 시간에
일 회 이상 씻어야 한다. 따라서 조리작업대 옆에 조리사 전용 세
면기를 설치하고 세제와 소독제를 비치하여야 한다. 여기서 특히
주의할 점은 조리사가 손을 씻고 나서 수도꼭지를 만지거나 또는
수건 등으로 물기를 닦게 되면 손이 다시 오염되므로 조리사는 반
드시 센서용 수도꼭지를 사용하고 핸드드라이어를 설치하여 손을
말리도록 습관들여야 한다는 것이다.

정기적인 건강진단은 연 일 회 실시하며 특히 화농성 질환과 설
사 등의 소화기 질환이 있는 사람은 완치될 때까지 조리업무에 종
사해서는 안 된다. 주방 종사원은 깨끗한 백색의 조리복을 입고 모
자와 앞치마, 머플러, 마스크를 착용하고 조리에 임해야 한다. 업

소의 일관된 드라마 컨셉에 의해 조리복을 개조할 때에도 가급적 때가 타기 쉬운 옅은 색상이어야 한다.

식기류의 세척은 막씻음, 헹굼, 열탕 소독(섭씨 100℃ 물에 3분 이상)의 3단조 세척시설을 이용하는 것이 좋으며, 식기의 물기를 행주로 닦으면 오염이 될 수 있으므로 자연 건조시키는 것이 좋다.

도마는 목재보다 폴리에틸렌제를 사용하는 것이 비교적 위생적 이며 물로 씻은 후 수돗물로 헹구고 섭씨 95℃도 이상의 물에 5~6 분 담근 후에 건조시켜 사용한다. 그리고 도마와 칼은 식육류, 어패 류, 야채류, 가공식품류 등의 전용으로 각각 4개로 색깔을 달리하거 나 쉽게 구별할 수 있도록 비치하여 사용하는 것이 위생적이다.

주방 종사원의 위생사항

- 손톱을 짧게 깎고 손은 항상 깨끗하게 유지한다.
- 보석류, 시계, 반지는 조리 시에 착용하지 않는다.
- 화농상처나 설사가 있을 때는 조리작업을 하지 않는다.
- 용변 후나 오물취급 후 또는 기타 일로 조리구역 이탈 후 복귀 시에 손을 씻는다.
- 주방은 항상 정리 정돈과 청결을 유지한다.
- 손가락으로 음식의 맛을 보지 않는다.
- 향이 짙은 화장품은 사용하지 않는다.
- 하루 삼 회 이상 양치질을 하여 일정한 입맛을 유지한다.
- 식품이나 식품용기 근처에서 흡연, 잡담, 침뱉기, 기침을 하지 않는다.
- 정기적인 건강진단과 예방접종을 받는다.
- 매일 목욕하고 항상 청결한 복장을 한다.

4) 자동화된 조리기기의 사용

식당 창업은 유능한 주방장을 스카우트해야만 성공한다는 인식은 바뀔 필요가 있다. 옛날에는 식재의 손질이나 음식의 맛을 요리사의 기술에 의존하였지만 이제는 센트럴키친[1]을 활용하거나 또는 식품제조업체에 편의식품을 발주하는 방식으로 식재를 효율적으로 공급받을 수 있고 더구나 자동화된 조리기기가 널리 보급되어 있어서 고임금의 주방장이 필요 없게 되었다.

특히 최근에는 종래의 레토르트[2] 식품과는 차원이 다른 진공조리 시스템으로 생산한 새로운 편의식품이 속속 등장하여 패스트푸드점과 가족식당은 물론이고 고급업소에까지 폭넓게 사용되고 있다.

외식업에서 조리란 정해진 식재를 표준조리법에 의해 일정한 분량을 일정한 온도와 방법으로 가열하여 화학변화를 일으키게 하는 것이다. 따라서 표준조리법을 기초로 하여 표적상품의 맛을 최고로 만들기 위한 양념의 정량과 가열온도, 가열시간을 찾아내어 보편화시키는 것이 중요하다. 이는 조리학원에서 실습을 통해 숙달시킬 수 있다.

전에는 요리사의 세련된 기술과 감각에 의존하던 요리의 맛을 이제는 조리기기가 그 역할을 담당하게 된 것이다. 주방장의 고임금 때문에 부담스러워 할 필요도 없고 횡포에 시달릴 필요도 없으

---

1) Central Kitchen, 조리식품이나 반조리식품을 공장생산방식으로 대량생산하는 집중 가공공장.
2) retort food, 조리 가공한 식품을 밀봉한 후 고온에서 가열 살균하여 장기간 보존할 수 있도록 만든 저장식품.

며 기분에 따라 맛이 변할 리도 없다. 다만 조리기기를 원형대로 보존하기 위해 깨끗하게 관리하고 정기적으로 성능검사를 받으면 된다. 단지 보수적인 조리기구를 고집하는 창업자의 인식이 문제다. 물론 신뢰할 수 있는 자동화된 조리기기는 비싼 것이 사실이나 인건비나 원료비 등의 원가삭감이 가능하므로 결과적으로는 이득이다. 가령 유럽형 커피머신은 누가 조작해도 안정된 맛이 나오고 일손이 들지 않는 이점이 있다. 이 기계는 파트타이머나 아르바이트 종업원도 사용할 수 있으므로 인건비를 절감시킬 수 있고 원료도 절약할 수 있다.

업소의 용도에 따라 사용할 수 있는 고성능제품으로 오븐, 테이블오븐, 워머, 디프프라이어, 그릴, 브로일러, 그리들, 틸팅스킬렛트, 라이스쿠커, 푸드슬라이서, 차핑머신, 미트믹서 등 다양한 조리기기가 보급되어 있다.

5) 주방과 화장실은 업소의 얼굴이다

식중독, 음식과 연관된 각종 암, 또다시 불거진 광우병, 환경호르몬 농산물 등으로 인간의 공허한 가슴을 채워주는 유일한 공간인 식탁에까지 불신이 밀어닥치고 있다. 사람의 건강과 직결되는 외식업의 경영자로서 업소가 크든 작든 간에 국민건강에 공헌한다는 사명감이 절실한 때이다. 그리고 그 사명감이 주방과 화장실에 상징적으로 표현되어야 한다. 주방과 화장실은 바로 업소의 얼굴이기 때문이다. 고객들이 업소에 대한 신뢰를 가름하는 현장인 주방과 화장실은 어느 곳보다도 깨끗해야 한다.

주방은 뒤편에 위치해야 한다는 과거의 인식을 벗어나 고객과 가까운 거리에서 고객이 볼 수 있는 곳에, 그리고 주방에서 완성된 음식을 바로 고객의 식탁에 내어줄 수 있도록 최단의 동선이 고려된 곳에 위치하여야 한다. 도로변에 접해 있는 업소는 주방을 전면에 두고 통유리를 끼워서 행인들이 조리하는 과정을 볼 수 있도록 하면 더욱 좋다.

물론 주방과 화장실의 인테리어도 업소의 일관된 드라마 컨셉에 의해 만들어져야 한다. 깔끔한 조리복을 입은 종사원들이 조리하는 모습을 손님에게 보이는 것도 조리작업과정을 또 하나의 작은 드라마로 엮어 고객에게 볼거리를 제공함으로써 상품에 대한 권위와 신뢰를 더욱 높일 수 있다.

하루 세 끼 먹는 것은 인간의 식습관이다. 식사시간쯤에 업소에서 흘러나오는 음식 내음은 식욕을 자극한다. 주방을 업소 전면에 두고 식사시간에 맞춰 음식 고유의 향을 행인들에게 흘려 시장기를 자극하라. 이때 주의할 것은 주방이나 조리기기 및 각종 기물의 관리를 소홀히 하여 주방기기들이 불결할 경우 이상한 냄새가 발생할 수 있으므로 항상 깨끗하게 관리해야 한다는 점이다.

주방 앞에 쓰레기통이 보이고 쌓인 먼지가 보이는 것은 너절한 일상을 연상케 한다(190쪽 '음식을 팔지 말고 꿈을 팔아라' 참조). 또한 접객실은 물론이고 주방에서도 형광등을 사용해서는 안 된다. 형광등 빛이나 형광등 자체가 보이는 것도 사무실이나 거실을 연상시켜 일상의 지루함을 떨쳐버릴 수 없기 때문이다. 더구나 형광등의 흰빛은 음식의 빛깔을 살릴 수 없다. 고객의 눈에 먹음직스러운 빛깔은 식욕을 촉진시킨다. 식욕증진에 좋은 영향을 주는 빛은 적황색 계통이므로 접객실 내부는 적황색 계통의 빛을 내는 전구를 사용하는 것이 좋다.

화장실도 고객의 자연스러운 동선을 따라 출입구 쪽에 위치하는 것이 바람직하며, 영업시간중에도 자주 확인하여 항상 청결을 유지하고, 광고 스티커 등이 붙어 있지 않도록 해야 한다. 세면기 옆에 스킨이나 로션을 두면 더욱 좋다. 여성화장실에는 기저귀 교환대와 남자 어린이용 소변기도 설치하고, 특히 재떨이와 라이터를 항상 준비해두어야 한다. 최근에는 화장실용 첨단장비들이 많이 개발되어 있다. 화장실 문도 안이 들여다보이도록 투명하게 만들어 센서 작동으로 볼 수 없게 하는 '매직도어'도 개발되었다. 이제 업소의 주방과 화장실은 고객들에게 첨단과학을 견학하고 체험하는 그리고 조리작업의 예술을 감상하는 장소로서 화젯성을 제공하여야 한다.

■ 오픈된 공동매장을 피하라

유동인구가 많은 지역에서 한 건물 내에 여러 업소가 공동으로 영업하는 음식점 형태의 업소분양이 많이 이루어지고 있다.

유동인구가 많다는 것, 번화가라는 것, 또는 역세권이라는 것 등등 그럴듯한 미끼에 누구든 쉽게 입질을 해본다.

찌가 까닥대면 노련한 낚시꾼은 단숨에 채어 올린다. 한 건물 내에 여러 업소가 있을지라도 업소별로 완전히 독립된 공간을 확보하고 메뉴, 인테리어 등에서 특색 있게 운영된다면 그래도 나은 편이다.

그러나 그렇게 할 경우에 분양가가 턱없이 비싸진다. 분양가를 낮추고 많은 점주를 끌어들이기 위하여 대개 3~4평 남짓한 오픈된 형태인 소점포로 분양하는 것이다.

이러한 경우 분양업자 측에서는 점포별로 특색 있게 운영하도록 강력하게 통제를 해준다고 말하지만 일단 분양이 되면 소유권이 이전된 상태에서 건축업자나 분양업자가 관여하기는 어렵다.

따라서 처음에는 그럴듯하게 계획대로 점포마다 개성 있는 메뉴로 시작할지라도 막상 영업이 안 되다 보면 우선 살고 봐야겠다는 극단심리로 그중 제일 잘 되는 메뉴를 따라하게 된다.

창업은 성공을 전제로 이루어진다. 혼자서 아무리 특색 있게 기발한 아이디어로 히트를 친다 해도 오픈된 공동매장일 경우 주위업소에서 쉽게 모방해 결국 서로 비슷한 메뉴, 비슷한 서비스로 경쟁할 수밖에 없게 된다.

그렇게 되면 다수가 모여서 운영하는 소점포 체제의 문제점인 고객유치를 위한 통일된 마케팅 수행이 어려워 자연히 고객의 마음에서 멀어지면서 다같이 도산할 수밖에 없다. 분양업자들의 말이 아무리 좋을지라도 오픈된 공동매장은 피하는 것이 상책이다.

■ 유행상품을 피하라

외식업은 철 따라 갈아입는 옷이 아니다. 난데없이 나타나 시끌벅적 혼을 빼어놓고 서민 창업자의 밑천만 털어내는 유행상품에 말려들어서는 안 된다.

1996년에 유행한 상품인 즉석 탕수육은 '돈이 벌린다'는 소문이 퍼지면서 삽시간에 수십 개의 브랜드가 난립했고, 경쟁이 치열해지자 가맹비만 챙기고 손을 떼는 '치고 빠지기 수법'이 기승을 부렸다.

1998년에는 조개구이 전문점이 폭발적인 인기를 끌다가 불과 수개월만에 슬그머니 사라졌다.

또한 한때 떠들썩하게 등장했던 실내 낚시터, 가마솥 통닭구이 등은 이제 흔적조차 찾아볼 수 없다. 그리고 가격파괴 삼겹살 전문점, 회전식 초밥집 등도 한때 유망하다는 평을 받았지만 몇 개월도 버티지 못한 채 불황을 겪고 있다.

그렇다면 유행상품을 어떻게 구별해야 하는가? 무엇보다도 모방성 창업이 급증하는지 주목해야 한다. 한 상품이 잘 된다고 하면 이내 비슷한 체인업체들이 쏟아져 나오는 경우, 유행상품으로 볼 수 있다.

잠깐동안 인기에 편승한 아이템으로는 절대 승부를 걸어서는 안 된다.

이들 유행업종들은 머지않아 과열경쟁으로 이어지고 고객들로부터 식상한 상품으로 외면 당하면서 점차 사라져간다.

따라서 인간의 식습관에 의해 오랜 세월 동안 젖어온 입맛에 의해 검증된 음식을 외식상품으로 개발하여야 한다.

또 특정 지역 주민들만이 좋아할 수 있는 유별난 음식은 전국적으로 사업이 확산될 가능성이 거의 없다.

식재나 조리법의 변화가 필요하다면 반드시 건강지향적, 예술지향적, 인간지향적인 범주 안에서 개발이 이루어져야 한다. 음식을 사먹는 사람의 입장에서 고객만족을 최대한 우선시하겠다는 각오만 있다면 얼마든지 창업에 성공할 수 있다.

■ 독과점상품을 피하라

아직 경쟁업소가 많지 않은 독과점상품이 영업이 잘 될 것이라는 발상은 위험천만하다. 대중적인 시장이 형성되지 않았다는 것은 그만큼 수요가 적다는 것이며, 때문에 대중의 수요확장을 위해 무리한 노력을 긴 세월 동안 강요받게 된다. 새로 등장한 주·부식(主副食)거리에 대한 오너 개인의 확신이 있을지라도 대중의 입맛에 길들여지기까지 너무 긴 세월을 고전해야 한다. 설령 끈기 있게 버티어보아도 성공할 가능성이 적다.

무모한 도전은 삼가는 것이 큰 지혜이다.

3달 안에 입지를 굳혀라

표적고객의 입맛을 사로잡는 비결은 따로 있다

최상의 서비스를 준비하라

조직을 철저하게 운영하라

1 표적고객의 입맛을 사로잡는 비결은 따로 있다

한 가지 메뉴로 승부하라

불우한 어린 시절 탓에 눈치만 보면서 살아온 필자는 나의 주장을 내세우지 못하는 성장기를 보냈다. 그래서인지 소신과 주관이 뚜렷한 사람을 부러워하며 나도 크면 저런 사람이 되어야지 다짐했다.

어린 시절의 배고픈 한을 풀기 위해 오로지 먹는 장사 꿈만 꾸던 긴 군생활을 끝내고 자신만만하게 1988년 8월 21일 개업을 했다. 20여년 동안 외곬으로 준비해온 먹는 장사라 마치 세상을 깜짝 놀라게 할 신기(神技)라도 공개하듯 신명이 나 있었다. 그러나 재벌의 꿈은 개업 첫날부터 무너지기 시작했다. 아는 사람이 전혀 없는 객지라지만 너무나 손님이 오지 않아 눈앞이 깜깜했다.

그 당시만 해도 생소한 산사(山寺)음식이라 '알려지면 되겠지' 하고 애타게 기다린 것이 한 달, 두 달, ……. 날이 갈수록 불안과 초조함이 더해갔다. '산채'를 표적상품으로 선정한 것이 큰 실수란 생각이 들 무렵, 손님이 없는 것을 안쓰럽게 여기던 단골고객 한 분이 인근에 있는 족발집이 영업이 잘 된다는 것을 귀띔해주었다.

저녁이 되기가 무섭게, 손님이 많은 비법을 캐내기 위해 눈을 번쩍이며 족발집을 살폈다. 그리고 메뉴에 왕족발을 추가시켰다. 이 사람 말 저 사람 말에 흔들려 '산사음식' 전문점에서 30여가지 백화점식 메뉴로 전락하는 데는 채 한 달도 걸리지 않았다.

"고객들의 다양한 욕구를 충족시키려면 메뉴가 최소한 서른 가지는 되어야지, 누가 매일 산채만 먹냐?" 마치 위대한 발견이라도 한 것처럼 대견스럽기까지 했다. 그런데 문제는 여기서 끝나지 않았다. 메뉴가 많으니까 고객들의 주문도 제각각이었다. 흡사 자기의 개성이라도 자랑하듯 한 사람이 '된장찌개' 하면 다른 사람은 '동태찌개', 또 한 사람은 '순두부백반'이라고 주문하고선 둘러앉아 함께 먹는 것이다.

좁은 주방에서 한꺼번에 여러 종류의 음식을 만들자니 정신이 없었다. 점심시간에는 몰려든 고객들이 음식이 늦게 나온다고 서로들 아우성이었다. 주방이고 홀이고 음식 내주기에 바빠서 서비스고 맛이고 따져볼 겨를도 없었다.

그리고 얼마 지나지 않아, 백화점식 메뉴는 초기에는 영업이 되는 성싶지만 시간이 흐를수록 실망한 고객들이 늘어나면서 점점 동네장사로 전락하게 된다는 것을 깨닫게 되었다.

백화점식 메뉴의 문제점	소수전문메뉴의 좋은 점	
맛이 없다	소수의 메뉴를 집중 관리함으로써	최고의 맛을 낼 수 있다
조리시간이 지연된다		신속하게 조리한다
식재의 낭비가 많다		시장구입비가 감소한다
인건비가 증가한다		인건비를 절감한다

[표 1]

외식업소가 실패하는 주요 원인 중 하나는 메뉴가 복잡하다는 것이다. 잡화식 메뉴로는 성공할 수 없다. 소수상품을 전문화함으로써 '업소의 강렬한 개성'을 만들어야 한다. 소규모 업소일수록 메뉴의 전문화는 조리작업의 능률을 높이고 소수인원으로도 신속한 조리가 가능하므로 반드시 필요한 것이다. 즉, 소수메뉴의 전문화는 음식의 맛과 질을 높이고 조리시간을 단축시키며 식재의 낭비를 줄이므로 원가를 절감할 수 있다.

여기서 대부분의 업주들이 딜레마에 빠지는 것은 고객의 말에 흔들리기 때문이다. 물론 매상을 올리는 데 고객의 조언은 소중하다. 그러나 고객이 A음식이 좋다면 이것을 메뉴에 포함시키고, 또 B음식이 좋다면 그것도 포함시킨다. 이렇게 하다 보면 메뉴가 아무리 많아도 부족하게 느껴진다. 마치 매출이 오르지 않는 이유가 메뉴구성에 있는 것처럼 착각하게 되는 것이다.

맛에 대해서도 마찬가지다. 매운맛을 좋아하는 고객이 있는가 하면 단맛을 좋아하는 고객도 있다. 이럴 때에 이 사람, 저 사람 말에 흔들리지 않는 오너의 일관된 주관성이 중요하다.

메뉴의 선정도 음식의 맛도 업소의 주제에 의해 일관성이 유지될 때 그것이 업소의 개성으로 이어지며, 개성이 있는 업소만이 화젯성을 만들고 점차 고객의 입소문을 통해 성공의 대열에 진입하게 되는 것이다. 고집스럽게 자기 것을 지키는 장인(匠人)정신만이 성공을 이룰 수 있다.

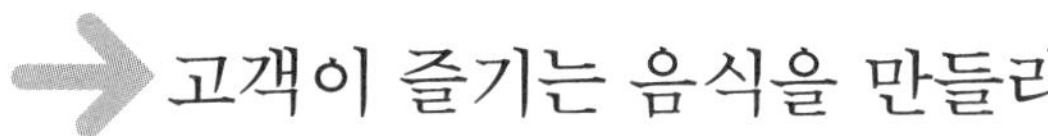

고객이 즐기는 음식을 만들라

1) 맛있게, 깨끗하게, 예쁘게, 빠르게

■ 맛있게

음식을 생산하여 제공하는 것이 외식업의 본질이다. 따라서 외식산업의 1차 상품은 음식이다. 그러므로 인테리어나 서비스가 1차 상품이 되어서는 안 된다. 음식이 맛있다는 말은 미각에 의한 맛뿐만 아니라 음식 색깔의 조화와 향취 등의 요소를 종합한 즉, 풍미가 좋다는 것을 말한다.

음식은 고유의 맛을 그대로 유지하는 것이 좋다. 농약을 많이 쓴 과일이나 과도한 가열처리를 하거나 식품첨가물을 사용하였거나 조리기기나 그릇 등에서 이상한 냄새가 혼입되었을 때는 음식 고유의 풍미가 없어지므로 주의해야 한다.

외식업의 창업을 결심하면 먼저 표적상품을 결정하고, 조리학원을 찾아 실습을 통해서 표적고객의 기호에 맞는 맛을 개발해내어야 한다. 한두 번 실습으로 되는 것이 아니다. 학원에서도 집에서도 수십 번 수백 번씩 표준조리법에 의해 조리하면서 누구나 알기 쉽게 표준조리법을 보강해야 한다.

특히 일정한 맛을 내기 위해서는 식재나 양념의 양을 눈대중으로 해서는 안 된다. 반드시 계량컵이나 계량스푼 또는 저울을 사용하는 습관에 익숙해져야 한다.

조리거나 끓이는 요리에서는 물의 양이 매우 중요하므로 정확한 양을 기록해야 하며 염도계의 사용을 습관화해야 한다. 제 맛을 내는 데는 가열온도와 시간이 중요하므로 이것도 반복실습을 통해 정확하게 파악하고, 조리 시에 사용할 기기와 기물도 빠짐없이 기록하여야 한다. 즉, 누가 조리를 하든지 일정한 맛이 유지되도록 개량된 조리법을 가지고 창업에 임해야 한다.

맛있는 음식은 광고하지 않더라도 고객들이 먼저 알아보고 몰려든다. 오너 입장에서는 자신의 업소 하나뿐이지만 고객들은 여러 업소에서 다양한 음식을 먹어보기 때문에 맛은 고객들이 먼저 알아차린다. 아무리 사소한 일일지라도 고객을 속이려 해서는 안 된다.

이익금을 좀더 내기 위해 불량식품을 식재로 사용했다면 당장은 고객이 모를지언정 하늘은 속일 수 없다. 거짓은 결코 오래갈 수 없다. 대인관계에서 진실이 최고의 처세인 것처럼 사업에서도 진실이 최선의 길이다.

"비법은 없다. 다만 진실과 정성이 있을 뿐이다."

개량된 조리법에 의해 정성을 다해 조리하는 것만이 맛있는 음식을 만드는 비결이다.

■ 깨끗하게

현대산업사회의 발달로 물질문명은 크게 향상되었지만 자연환경 중에 화학물질이 방출되어 대기, 물, 토양 등을 통해서 외식상품의 원료인 동식물을 오염시키고 있다. 그러므로 식재는 재배 또는 사육과정에서 자연환경으로부터 1차 오염을 받게 되고 제조, 가공, 조리 등의 과정에서 조리기기나 작업대 또는 사람의 손을 통하여 2차 오염이 일어나 사람이 섭취하는 음식물에까지 이르게 된다.

맛있고 위생적인 외식상품을 만들기 위해서는 주방의 시설물과 조리기기 및 기물 등이 청결해야 하며 종사원의 위생교육이 필요하다. 그리고 모든 식재는 유통기간을 확인하고 구매해야 하며 반드시 구매일자를 기록한 스티커를 부착하여 보관함으로써 구매한 순서대로 사용할 수 있도록 관리해야 한다. 식품의 유통기간은 행정관서의 중요한 단속사항으로서 적발 시 영업정지 등 강력한 행정처벌을 받게 된다. 따라서 유통기간을 철저히 지켜야 하며 보존 시에는 저온보존(5℃)이나 온장보존(65℃)을 함으로써 세균의 증식을 억제할 수 있다. 냉장고의 식재 보관은 80% 이하가 적당하며 냉장고의 내부는 주 일 회 70% 알코올로 소독을 해야 한다.

또한 쥐를 구제하고 애완동물의 주방출입을 금하며 바퀴 등의 해충을 방제함으로써 세균성 식중독을 예방할 수 있다. 그리고 주방은 물론 업소 전체에 방충망이나 포충기를 사용하여 해충의 접근을 막아야 한다.

이러한 철저한 위생관리만이 깨끗한 음식을 만들 수 있으며 고객의 시각을 사로잡는 깔끔한 음식은 곧 맛있는 음식이라는 연상작용으로 식욕을 돋우게 되는 것이다.

■ 예쁘게

"보기 좋은 음식이 먹기도 좋다"는 우리네 속담을 굳이 들먹이지 않더라도 깔끔하고 보기 좋은 상차림은 업소에 대한 신뢰를 높여 준다. 예쁜 상차림을 위해서는 보기 좋은 음식과 각종 그릇과의 조화, 식탁세팅, 이 세 가지가 잘 어우러져야 한다.

보편적으로 음식은 빨강, 노랑, 파랑의 삼원색을 기준으로 식재를 구성하는 것이 보기에 좋다. 예를 들어 보글보글 끓는 된장 뚝배기 위에 푸른 채소 하나라도 띄운다면 한결 맛깔스럽고 고급스러운 느낌을 받는다. 뜨거운 뚝배기는 꼭 플라스틱 받침 그릇을 사용해야 한다는 고정관념도 아쉽다. 오지그릇과 잘 조화되는 예쁜 빛깔의 받침 접시를 사용하면 훨씬 깔끔하게 보인다. 색채심리학에서는 음식의 빛깔과 동일한 계열의 색상을 띤 그릇에 음식을 담을 때 가장 맛있게 느껴진다고 말한다. 즉, 커피는 갈색 찻잔에 담을 때 가장 맛있게 보인다는 것이다.

그렇다고 밑반찬의 그릇을 색색별로 준비할 필요는 없다. 이제는 한식요리도 서양 코스요리처럼 전체, 주식, 후식 순으로 내는 것이 합리적이다.

음식의 색깔에 그릇을 맞출 때는 주요 요리를 기준으로 그릇의 색깔을 선택하는 것이 바람직하다. 다만 업소의 드라마 컨셉과 연관시켜 일관성을 유지하는 것이 중요하다. 일반적으로 채소요리나 색이 고운 디저트처럼 가벼운 요리는 밝고 따뜻한 느낌의 접시가 어울린다. 고기 요리와 같은 고급스러운 요리는 검정색이나 베이지색, 브라운색 등 진한 색 그릇에 어울린다. 어두운 색의 그릇에 음식을 담을 때는 자칫 탁해 보여 식욕을 떨어뜨릴 염려가 있으므로 식탁보나 탁자 위의 장식을 밝은 색으로 써서 가벼워 보이도록 해야 한다.

식탁보는 고급스런 분위기를 찾는 경양식 집에서나 필요하다는 생각은 잘못이다. 어느 업소에서나 식탁보와 분위기는 드라마 만들기(190쪽 '음식을 팔지 말고 꿈을 팔아라' 참조)에 필수요소이다. 그렇지 않아도 손이 딸리는데 무슨 식탁보냐고 반문하겠지만 고객이 많을수록 이런 요소를 지켜야 한다. 당장 손님이 많다고 해서 방심하면 경쟁업소가 출현할 때 어려워진다.

깨끗한 식탁보 위에 예쁜 그릇에 담긴 음식을 올려보라. 그리고 계절감을 느낄 수 있는 식탁의 장식물로 멋을 부려보자. 색깔이 잘 조화된 예쁜 상차리기는 고객의 마음을 사로잡을 것이다. 갈비전문점의 경우에 숯불이나 가스기기로 인해 식탁보 사용이 어렵다면 개인용 식탁깔개를 이용하면 된다.

식탁에 장식을 많이 하는 영국에서는 식탁을 가리지 않기 위해 식탁보 대신 개인용 식탁깔개를 많이 사용한다. 개인용 식탁깔개는 식사할 사람 개개인의 앞에 까는 가로 45센티미터, 세로 35센티미터 정도 크기의 깔개로서 그릇의 색깔에 잘 조화되는 색으로, 세탁해도 탈색이 되지 않는 소재이어야 한다.

■ 빠르게

우리는 광속도의 속도전이 펼쳐지는 디지털 사회 속에 살고 있다. 빠름을 칭송하고 느림을 비판하는 너무도 빨리 달려가는 풍속의 변화에서 어쩔 수 없이 속도전쟁의 전사가 되어버린 것이다.

테크놀러지의 발전이 가져온 인간의 조급성은 특히 우리 한국인에게 더욱 심하다. 바빠서 서두르기보다는 서둘다 보니 바빠진 습관성 조급증에 이미 중독된 우리는 같은 말이라도 '빨리'를 강조해야 직성이 풀린다. 그래서 외국인들이 한국에서 가장 먼저 배우는 말이 '빨리빨리'이다.

엘리베이터에 타자마자 2~3초를 참지 못해 '닫힘' 버튼을 누르고 신호대기 중 0.1초라도 출발이 지체되는 운전자에게는 가차없이 경보음을 울려댄다. 독한 술도 단숨에 마셔야 술자리의 분위기를 깨지 않는다.

'빨리'를 연발하는 것은 식당에서도 예외는 아니다. 음식이 늦게 나오면 지루함에 짜증스러워지고, 이미 상한 기분으로 식사를 하니 맛이 있을 리 없다. 그래서 음식이 나오기 전에 술이나 음료수부터 먼저 갖다주어 고객의 지루함을 덜어주는 서비스가 필요하다.

빠르면 미덕이요 느리면 악덕이 되어버린 스피드 전쟁시대에서 서빙 속도에 대한 고객의 욕구를 간과해서는 안 된다. 빠르면 빠를수록 좋다. 고객의 주문으로부터 음식이 식탁에 오를 때까지의 과정을 분석하고 시간이 지체되는 요인을 개선시켜 속도에의 욕구를 충족시켜야 한다. 주방의 설비나 기기 및 기물의 배치도 궁극적으로는 속도를 위해 동선을 고려하고 인간공학을 접목시키는 것이다.

밑반찬 한 가지라도 깔끔하고 먹음직스럽게 보이도록 그릇에 담는 정성을 습관화해야 한다. 맛있게, 깔끔하게, 예쁘게 만들어진 음식이 고객의 식탁 위에 빠르게 올려질 때 비로소 상품으로서의 가치를 인정받는 것이다.

2) 우리의 전통음식에 관심을 가져라

다국적 외식기업의 무차별적 공격으로 우리의 음식문화가 뿌리채 흔들리고 있다. 패스트푸드의 급속한 전파가 신세대의 입맛을 여지없이 공략하고 있고 이제는 퓨전음식이 유행의 물결을 타고 있다. 동서양의 맛이 하나로 얽혀 각각의 장점만 뽑아 새로운 맛을 만들어낸다는, 국적 없는 요리를 퓨전음식(fusion food)이라 한다.

우리의 전통음식은 패스트푸드의 원조인 미국에서도 건강식으로 장려하는 식생활 패턴이다. 그럼에도 우리의 음식을 기피하는 신세대들에게, 단순한 먹거리 차원에서뿐만 아니라 우리 고유의 문화 차원에서도, 사라져가는 전통음식을 보존시키는 작업이 절실하다. 패스트푸드가 몰고온 새로운 문화는 비단 우리뿐만 아니라 지구촌 곳곳에서 자국의 전통음식과 갈등을 일으키고 있다.

세계 최고(最古)의 대학으로 꼽히는 이탈리아 볼로냐 대학에서는 사라져가는 전통음식을 보존하자는 취지에서 '슬로우푸드(slow food)' 상이라는 이색적인 상을 제정하여 세계의 미각 유산 보호에 헌신한 사람에게 수여하고 있다.

우리나라에서는 1985년부터 전통음식을 육성하자는 정부 차원의 움직임이 시작되어 각 시, 도 단위로 향토 음식점을 지정하는 등 우리 것 지키기 노력을 하고 있지만 실효를 거두지 못하고 있다.

특히 우리 음식은 독특한 미각으로 세계시장에서 무한한 잠재력을 갖고 있음에도 아직 외국인들에게 잘 알려져 있지 않다. 오히려 불고기의 세계 공용어가 야키니쿠, 한국산 두부의 세계 공용어가 도오후이다. 김치도 일본에서 먼저 국제규격화를 서둘러서 하마터면 기무치가 될 뻔하였다. 김치의 가장 큰 특징은 숙성과 발효과정을 거쳐야만 제 맛이 난다는 것인데 김치 시늉만 낸 기무치가 세계시장에 더 많이 알려져 있는 실정이다.

갈비도 상품화의 과정을 일본에서 먼저 매뉴얼하여 가루비로 호황을 누리고 있으며 오히려 우리나라에 역수출을 시도하고 있다. 지금이라도 세계적으로 인기 있는 우리의 토속음식인 갈비, 김치,

고추장, 된장, 간장 등을 이용한 다양한 상품을 개발하여 세계시장에 내놓아야 한다.

외식업은 여러 업종 중에서 한식점 창업이 절반 가량을 차지하고 있다. 그리고 한국인이 주로 외식하는 음식도 역시 한식으로, 전체 비율의 절반을 훨씬 넘는다. 그것은 세계의 신세대들이 음식의 동질화 현상에 의해 패스트푸드에 길들여진다 해도 서른다섯 살을 전후해서 자국의 전통음식을 찾는 미각의 회귀현상이 일어나기 때문이다. 따라서 우리 음식에서 외식업 창업의 표적상품을 찾는 것이 실패를 줄일 수 있으며 나아가 세계시장의 진출에도 용이할 것이다.

3) 사명감을 가지고 음식을 만들라

인간의 생명을 위협하는 각종 질병의 발생과 식생활은 밀접한 관계가 있다. 특히 현대인을 죽음에 이르게 하는 가장 흔한 질병인 암(지금도 30~35만의 암 환자가 사투를 벌이고 있다.) 발생원인의 3분의 1을 차지하는 것이 식생활이다.

타거나 곰팡이가 핀 음식 등 발암물질이 들어 있는 음식을 섭취함으로써 자신도 모르게 몸 속에서 암세포가 자라게 되는 것이다. 그러므로 정성을 다해 조리하고 모든 식재의 유통기한을 철저히 확인해야 한다. 또한 과일이나 채소 등에는 농약이 묻어 있으므로 흐르는 물로 깨끗이 씻고 과일 껍질을 두껍게 깎아야 한다. 고객의 건강을 위해 식재는 [그림 1]에서와 같이 항암작용을 하는 식품을 많이 사용해야 한다.

최근 유럽 전역에서 공포의 대상이 되고 있는 광우병도 간과할

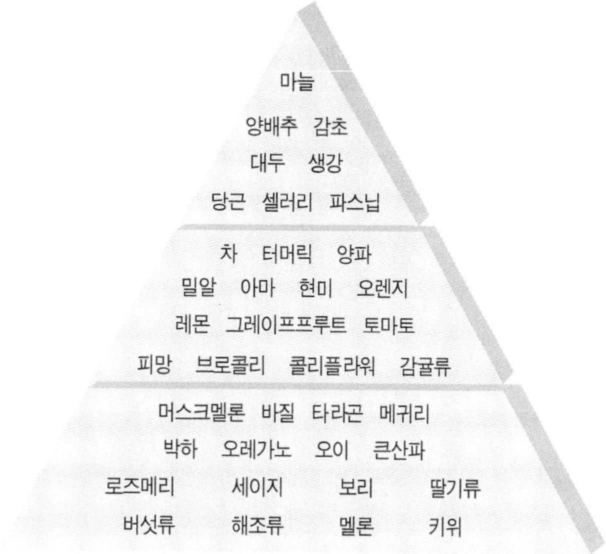

[그림 1] 항암작용으로 본 식품

일이 아니다. 병리학자들은 광우병에 감염된 쇠고기를 사람이 섭취할 경우 사람에게도 옮길 수 있다고 추정하고 있다.

물론 우리나라에서는 광우병의 원인으로 지목되고 있는 동물성 사료는 사용하지 않고 있으며 또한 1996년 유럽에서 1차 광우병 파동이 발생한 이후 문제지역에서 생산된 육우는 일절 수입하지 않고 있다. 그러나 광우병은 외식업에서 중요한 문제를 불러일으킬 수 있는 사안이므로 수입쇠고기에 대한 경각심을 한시도 늦춰서는 안 될 것이다.

또한 사람의 내분비계에 영향을 주는 각종 오염물질인 환경호르몬이 채소, 곡류 등의 농산물에서 다량으로 검출되고 있다. 사람들이 만들어 사용중이거나 버린 각종 화학물질이나 농약 등이 먹이사슬을 통해 체내에 들어와 누적되는 것이다. 환경호르몬은 인간의 생식능력에 치명적인 장애를 유발하는 인체 내 가짜 호르몬으로, 정부가 그에 대한 대책을 세우기 시작한 것은 1998년 1월부터 이나 아직 초보단계에 불과하다.

나의 은인인 고객을 사랑해야 한다. 모름지기 외식업 경영자들은 고객을 아끼고 사랑하는 마음으로 나는 식은 밥을 먹을지언정 고객께는 윤기 흐르는 따뜻한 밥을 드려야 한다. 나는 맹물을 마실지라도 고객께는 구수한 숭늉을 드리고 금방 만든 신선한 반찬으로 접대해야 한다.

어느 것 하나 믿고 먹을 수 없는 세상이다. 물 먹인 축산물에 금속까지 집어넣은 농수산물, 방부제 섞인 건어물, 농약에 찌든 과일이나 채소, 공업용 색소로 만든 제과제빵, 횟가루 섞인 두부, 톱밥을 물들여 만든 고춧가루 등등 남이야 어찌되었든 나만 돈 벌면 된다는 비양심적인 행위가 소중한 인명에 치명타를 가하고 있다.

거짓과 가식으로 모은 돈은 길바닥의 낙엽과 같아 바람 불면 날아가버린다. 외식업 경영자들은 국민의 건강을 책임진다는 투철한 사명감을 가지고 영업에 임해야 한다.

4) 레이 크록의 Q.S.C.

세계최대의 외식기업인 맥도날드의 실질적인 창업자 레이 크록(Ray Kroc, 1902~1984)이 맥도날드의 체인을 전개하면서 모토로 한 것이 바로 Q.S.C.이다. Q는 품질(Quality), S는 서비스(Service), C는 청결함(Cleanliness)을 뜻한다. 그는 맥도날드의 햄버거는 어느 곳보다도 맛있고 보다 좋은 서비스와 철저한 청결함으로 고객에게 제공되도록 하는 것에 평생을 바쳤다. 그후 레이크록의 Q.S.C.정신은 맥도날드뿐 아니라 세계적으로 성공한 푸드서비스 기업의 기본 이념이 되었다.

S의 서비스는 쾌적함과 즐거움 그 자체이다. 친근하고 상냥한 미소와 정중한 인사 그리고 신속함을 기본조건으로 한다.

C의 청결함은 철저한 위생을 포함한 산뜻한 청결함을 말한다. 청결함에는 예외가 없다. 접객실과 주방, 화장실은 물론이고 업소의 뒷부분, 업소의 외장, 주차장에 이르기까지 청소를 깨끗이 해야 한다. 테이블과 수저통, 이쑤시개통, 냅킨통, 양념통, 기기 및 기물류 등 어느 하나 한 점의 더러움도 있어서는 안 된다. 청결함은 외식업소의 심장과도 같은 것이며 고객에게 제공되는 서비스의 시작이다. 따라서 철저한 위생과 청소 그리고 보수 등의 작업에 의해 언제나 산뜻함이 유지되어야 한다.

Q의 품질이라는 것은 비단 음식뿐 아니라 서비스와 청결함이 포함된 업소의 가치를 말한다.

이제 질 좋은 음식 하나만으로는 업소의 가치를 인정받을 수 없다. 음식과 서비스와 청결함이 합쳐져 브랜드의 이미지를 만드는 것이다.

2 최상의 서비스를 준비하라

 **상품을 팔기 전에 먼저 자신을 팔아라**

개업 초기에 손님이 없었던 삼 개월 동안은 필자에게는 길고 긴 시련의 세월이었다. 개업 전날 밤까지만 해도 내가 영업을 시작하면 큰 타격을 입을 것이라며, 연일 손님들로 가득 찬 이웃 업소들을 가소롭게 바라보았던 나였다.

반드시 성공하리라 다짐하며 경영서적을 두루 탐독하던 나는 어느새 선무당이 되어 있었다. 이미 전문가(?)로 변신한 나는 서비스업과는 동떨어진 거칠고 딱딱한 군인의 이미지를 버리지 못한 것을 염려하는 주위 사람들의 충고는 안중에도 없었다. 『후한서』에 "자양(子陽)은 우물 속의 개구리 모양, 오로지 자신만이 존대(尊大)하다"더니 실로 내가 그짝이었다.

서슬이 시퍼렇던 내가 손님이 밀려나가는 옆 가게들을 훔쳐보면서 부러워했던 것이다. 텅 빈 가게를 비웃기나 하듯 우리 업소를 지나쳐 옆집으로만 들어가는 고객들이 얄미워지기까지 했다.

1) 깔끔한 외모

　고대 그리스 최대의 철학자인 아리스토텔레스는 "인간은 사회적 동물이다"라고 하였다. 이 말은 사람은 혼자서는 살 수 없고 끊임없이 타인과의 관계 속에서 존재한다는 말이다.

　더불어 사는 이 세상의 이치는 내 인생의 성공을 내가 결정하는 것이 아니라 나에 대한 타인의 평가가 내 삶의 성패를 좌우한다는 것이다. 업소의 성패 역시 고객이 결정한다. 그러므로 고객에게 좋은 평가를 받는 것이 사업성공의 선결조건이다.

　여기에서 우리는 고객 트렌드의 변화를 주목해야 한다. 과거에는 슈퍼에서 물건값이 싸면 포장이 허술하거나 가게가 좀 지저분해도 괜찮았다. 음식점에서도 가격이 싸다든가, 음식이 맛있다든가, 서비스가 좀 좋다든가, 인테리어가 특이하다든가 등등, 어느 특별한 것 하나만으로도 고객이 다른 욕구는 자제할 줄 알았다. 그러나 오늘날의 고객은 어느 특별한 것 하나가 아닌 모든 것을 종합하여 업소를 선택한다. 얼마 전까지만 해도 성업중이던 기차 카페, 배 카페, 비행기 카페 등 테마 레스토랑이 요즈음 시들해진 이유가 바로 이것이다.

　사업의 성공을 위한 메커니즘의 변화에서 가장 두드러지는 것은, 고객에게 비춰지는 업주의 모습이 고객의 마음을 움직이는 중요한 요소라는 것이다. 업소에서 일하고 있는 오너의 머리에 까치집이 지어져 있고, 귓바퀴 속에는 지저분한 때가 보이고, 입에서는 악취가 풍기고, 옷차림은 지저분하고, 맨발에 슬리퍼를 직직 끌고 있고……. 그 모습을 보는 고객들은 지저분한 인간이라는 이미지를 갖게 되며, 오너를 비롯한 업소 종사자의 불결한 이미지는 곧 음식의 불결로 고객의 머릿속에 자리잡는다. '차림새는 무언의 소개장이다'라고 하지 않는가?

종업원은 오너의 말을 듣는 것이 아니라 그의 태도와 행동을 배운다. 그래서 업소는 주인을 닮아가는 것이다. 오너가 바로 서야 업소가 바로 선다. 음식을 팔기 전에 먼저 오너 자신을 팔라!

사람은 인격과 능력에 앞서 우선 눈에 보이는 외모로 먼저 평가를 받는다. 때문에 영국이 낳은 세계 최대의 극작가인 셰익스피어는 『햄릿』에서 "의상은 남자를 증명한다"고 했다. 옷을 깔끔하게 입는 것은 고객에 대한 예의이다. 업소에서 추리닝을 입거나 점퍼나 운동화 차림도 안 된다. 옷은 때와 장소와 경우에 맞게 입어야 한다.

깔끔한 머리, 단정한 정장차림, 광택 나는 구두, 그리고 밝은 표정, 예의 바른 자세, 다정한 말씨에서 은연중에 자신의 신중함과 고객에 대한 존경의 뜻을 전달함으로써 더욱 신뢰감을 높일 수 있다. 오너에 대한 신뢰는 바로 업소에 대한 신뢰로 이어진다. 따라서 외식업 경영자는 깔끔한 이미지로 자신을 상품화시켜야 한다.

2) 미소 띤 얼굴

출근하기 전, 세면 후나 또는 화장한 후에 거울 앞에서 매일 1분씩 미소훈련을 하라. 미소는 서비스의 시작이다. 미소짓기에 인색한 사람은 아예 창업하지 말라. 분명히 실패한다. 미소는 창조주가 오직 인간에게만 부여한 가장 아름다운 특권이다. 미소야말로 고객에게 다가서는 최상의 길이며 인간의 가장 멋진 유니폼이다. 애석하게도 한국인은 예로부터 미소에 인색한 민족이다.

1816년 영국 사절단이 중국으로 가는 길에 미지의 나라 조선에 우연히 상륙했다. 이들이 처음 상륙한 곳은 지금의 소청도이다. 그들은 처음 본 조선인에 대한 소감을 이렇게 기록했다.

"그들의 피부색은 구릿빛이었고, 무서운 얼굴표정을 하고 있었으며, 약간 야만스러운 느낌도 있었다."

무심코 쳐다보아도 째려본다고 시비거는 게 우리네 표정이다. 미소를 습관화하자! 무표정은 성낸 것으로 오해받는다. 세계적으로 잘 웃는 민족은 미국사람과 일본사람이다. 미국사람들은 옛날 황야의 무법자 시절에 괜히 인상쓰고 다니다가 총에 맞아 죽었다. 그래서 살기 위해 계속 웃었다. 일본사람도 마찬가지다. 괜히 인상쓰고 있다가 사무라이와 눈이 마주치면 영락없이 칼 맞아 죽었다. 그래서 항상 미소짓고 다녔다.

어찌 되었든 잘 웃는 민족인 미국과 일본은 부자로 잘 살고 있다. 부자가 되려면 얼굴을 바꿔라. 비웃음이 아닌 밝은 미소의 얼굴로…….

3) 친절의 삼 박자

미소, 자세, 말씨 이 세 가지가 친절로 일관되어야 한다. 다정한 미소에 겸손한 자세 그리고 예의바르고 상냥한 말, 이 삼 박자가 일치되어 친절로 표현될 때에 고객을 감동시킬 수 있다. 거울 앞에 겸손히 서서 미소지으며 인사하는 훈련을 매일 실시하라. 지나치게 정중해도 오히려 부담스럽다. 허리를 90도로 굽힌 큰절보다는 30도에서 45도 정도로 숙이되 머리에서 허리까지 일직선을 유지하고, 엉덩이부터 발뒤꿈치까지는 지면에 수직이 되어야 한다. 거울

주먹을 가볍게 쥐고 엄지를 재봉선에 일치시키며, 팔꿈치는 옆 구리에 자연스럽게 붙인다.

인사하는 속도는,

- 꼿꼿이 선 자세에서 3초 동안에 상체를 숙이고
- 숙인 자세에서 2초 동안 멈춰선다. 이때 시선은 발끝에서 약 1.5미터 전방을 자연스럽게 향한다.
- 다시 2초 동안에 상체를 바로 세우고 고객의 눈을 부드럽게 바라본다.

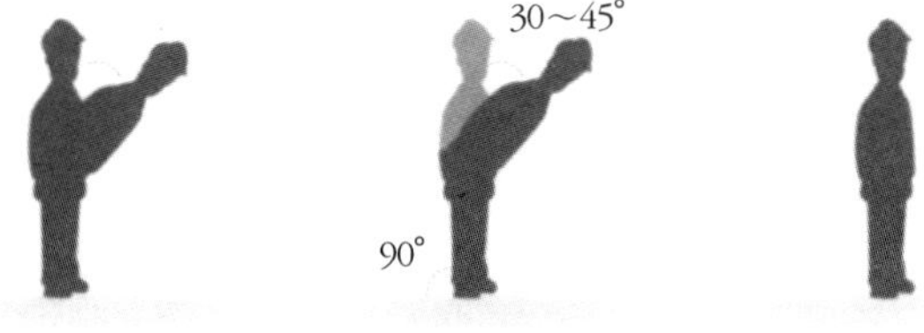

[그림 2] 인사자세

앞에서 [그림2]와 같이 세련되게 인사할 수 있도록 지속적으로 훈련하라. 처음에는 다소 어색하게 느껴질지라도 훈련이 거듭될수록 품위가 갖춰진다.

4) 강렬한 개성

성공은 적당히 만들어지지 않는다. 성공은 정상 정복을 위해 쏟는 열정의 열매이다. 자랑스러운 직업인 외식업 경영자의 정열을 위축시키는 또 하나의 장애는 미인 콤플렉스다. 미인이 아니면 스스로 못난 사람이라고 생각해버리는 데 문제가 있다. 현실적으로 예쁜 여자, 잘 생긴 남자는 대접을 더 잘 받는다. 그러니 못난 설움은 더 클 수밖에 없다.

현대인을 미인 콤플렉스에 빠트리는 주범은 무엇보다도 현대사회의 영상매체이다. TV, 영화, 잡지 등 온통 미인 일색이다. 그런 것들을 보다가 무심코 거울에 비춰진 자신의 얼굴을 대하는 기분은 착찹해질 수밖에 없다. 미인 앞에서는 아예 기가 죽는다. 그렇지만 인생의 성공은 예쁘고 잘 생긴 얼굴로 이뤄지는 것이 아니다.

아름다움이란 그 사람의 강렬한 개성이다. 자기의 얼굴과 신체에 숨어 있는 개성을 찾아 세련되게 개발시키고 부각시켜서 자기만의 독창적인 매력을 창조하는 것이다. 절대 스스로를 매력이 없다고 판정 짓지 말라! 내가 나한테 반하지 않으면 누가 나한테 반할 것인가? 먼저 내가 나에게 반해야 남도 나에게 반한다.

결코 나르시시즘을 억압해서는 안 된다. 거울 앞에서 자기만의 독창적인 개성을 찾아내고, 그것을 세련되게 만드는 훈련을 하라.

매일 출근 전에 1분간 미소훈련, 1분간 자세훈련, 1분간 개성훈련을 지속적으로 실시하라. 하루 3분이면 어느새 최고의 상품으로 변신한 나를 발견할 수 있을 것이다.

이 세상의 특징은 사람을 평가할 때 인격이나 능력에 앞서 우선 눈에 보이는 외모로 평가한다는 것이다. 그러므로 외식업 경영자는 '남이 나를 평가하는 다섯 가지 외적 요소'를 점검하고 세련되게 만들어서 자신을 '청결, 친절, 예절'의 이미지 메이커로 변신시켜야 한다. 특히 오너는 업소에서 어떤 일을 하든지 정장을 습관화해야 한다. 깔끔한 머리, 말끔한 정장 차림, 광택나는 구두가 근무의 필수조건이다. 여성오너에게 미니 스커트는 금물이다(156쪽 '퇴폐의 함정을 조심하라' 참조).

남이 나를 평가하는 다섯 가지 외적 요소

1. 얼굴

1) 표정

언제나 미소 띤 밝은 표정을 유지해야 하며, 마음속에서 솟구치는 고객에 대한 감사와 고객을 열심히 도우려는 진지한 모습이 그대로 드러나는 얼굴이어야 한다. 단, 귀찮은 표정, 무시하는 표정 등 자신도 모르는 습관이 붙어서는 안 된다.

2) 머리 스타일

- 남자는 앞 머리카락이 이마를 덮지 않도록 뒤로 넘기고 뒷 머리카락은 와이셔츠 깃을 덮지 않도록 짧게 커트한다.
- 여자는 얼굴에 흘러내릴 정도의 긴 머리카락은 단정하게 묶거나 또는 짧은 머리스타일로 치장하되 고객에게 불쾌감을 주는 요란한 파마는 하지 않는다.
- 매일 세발하고 자주 빗질하여 항상 청결하고 가지런해야 한다.

2. 옷차림

1) 의복

- 항상 깨끗하고 다림질이 되어 줄이 서 있는 옷을 입는다.
- 먼지나 비듬 등이 묻어 있지 않도록 입기 전에 반드시 손질한다.
- 단추가 떨어졌거나 바느질이 터진 곳이 없는지 꼼꼼히 살핀다.
- 상의나 바지의 포켓이 볼록하면 보기 흉하므로 불필요한 물건을 넣지

않는다.

- 볼펜, 만년필 등은 반드시 안쪽 주머니에 넣도록 하고 바깥 주머니에 꽂지 않는다.
- 와이셔츠나 블라우스는 가급적 흰색을 입고 언제나 구김 없이 깨끗해야 하며, 특히 소매나 깃이 더러워서는 안 된다.
- 와이셔츠나 블라우스의 소매는 정장 밖으로 1.5센티미터 정도 나오는 것이 적절하며, 와이셔츠의 목둘레는 0.5센티미터 정도 여유 있는 것이 좋다.
- 넥타이는 원래 와이셔츠의 단추를 덮어주기 위해 고안되었기 때문에 타이클립이나 핀을 이용해 셔츠에 고정시켜 주어야 한다.
- 와이셔츠의 소매는 단추보다 커프링크스로 소맷부리를 고정시켜 주면 한결 깔끔한 멋을 창출할 수 있다.

2) 구두

- 구두는 흑색 계열의 바지에는 검정색 단화, 갈색 계열의 바지에는 밤색 단화를 신으며 항상 깨끗하고 광택이 나 있어야 한다.
- 양말은 구두와 동일한 계열의 색상으로 바지보다 진한 색깔의 양말을 신는 것이 보다 세련되고 안정감이 있다.
- 스타킹은 짙은 색상보다 야하지 않은 엷은 살색이 좋으며 흘러내리거나 올이 나가지 않은 것이어야 한다.

3. 자세

언제나 예의바르고 검손함이 배어 있는 자세여야 한다. 고객을 대할 때는 올바른 자세로 자연스럽게 고객과 눈높이를 맞추어 서거나 앉는다.

서 있을 때는 발을 어깨너비로 벌리고 두 손을 한 데 모아 아랫배에 붙이는 자세가 안정감 있고 겸손하게 보인다. 여자는 발꿈치를 가볍게 붙이는 것이 자연스럽다.

앉아 있을 때는 상체를 바르게 세우고 무릎을 어깨너비로 벌리는 것이 안정감이 있다. 여자는 무릎을 자연스럽게 붙이는 것이 정숙하고 교양 있게 보인다. 대화 중에 가끔 몸을 앞으로 숙이며 미소짓기로 동조함으로써 고객에게 순종을 표현해야 한다.

4. 몸가짐

1) 동작

사소한 것일지라도 교양이 넘치는 세련된 동작으로 습관화되도록 거울 앞에서 훈련하여야 한다. 예를 들면 하품을 할 때도 고개를 약간 숙이며 손바닥이 바깥 쪽을 향하도록 입을 가려주면 한층 교양 있어 보인다. 이 쑤시개를 사용할 때도 왼손 등이 밖을 향하도록 입을 살짝 가려주면 품위 있게 보인다.

2) 걸음걸이

● 가슴과 등을 꼿꼿이 펴고 턱은 당기며 시선은 정면을 향하고 당당하게 걷는다.

● 업소 내에서는 급한 일이 있더라도 뛰지 않으며 고객을 앞질러가거나 가로질러 가지 않는다.

● 고객과 서로 지나칠 때는 걸음을 잠시 멈추고 미소 지으며 머리 숙여 인사하고 고객이 먼저 지나가도록 배려해준다.

● 주머니에 소리나는 물건을 넣고 다니지 않는다.

● 업소 내에서는 뒷짐을 지거나 주머니에 손을 넣거나 팔짱을 끼고 걷

지 않는다.

● 보행중에 담배를 피우거나 껌을 씹지 않는다.

5. 대화

1) 목소리

조용하고 차분한 목소리여야 한다. 말을 할 때 단조로운 어조는 권태로운 느낌을 줄 수 있으므로 음성의 높낮이를 적절히 구사하는 것이 효과적이다. 어떠한 경우라도 고객의 입장에서 말하도록 습관화되어야 하며 고객의 말을 진지하게 듣고 있다는 것과 도와드리기 위한 열정과 의지를 갖고 있다는 것 그리고 존경하고 있음을 자연스럽게 표현해야 한다.

2) 눈맞춤

자연스럽게 미소지으며 고객의 눈을 응시함으로써 고객에 대한 진실과 정직을 표현해야 한다. 단 소리내어 웃을 때에는 '눈맞춤'을 잠시 중단하는 것이 자연스럽다. 자신도 모르게 노려보는 시선이 만들어져서는 안 된다.

3) 제스처

손과 팔을 사용하여 강조하되 동작을 좁은 공간에서는 작게, 큰 공간에서는 크게 해야 한다. 제스처를 쓸 때는 잠시 시선을 손으로 옮긴 후 다시 눈맞춤을 계속한다.

고객과의 대화 시에는 소음을 차단(문닫기, TV 끄기 등)하거나 필요한 사항을 메모하는 모습을 보임으로써 신뢰를 증진시킬 수 있다.

4) 반응

천천히 고개를 끄덕이며 가끔씩 맞장구를 친다. 너무 자주 끄덕이면 진실성이 없어 보인다. 간간이 질문을 함으로써 열심히 듣고 있음을 표현해야 한다.

 # 성공하려면 밑지고라도 팔아라

시집가기 싫다는 노처녀의 입버릇이나 빨리 죽고 싶다는 어르신들의 말씀, 그리고 밑지고 판다는 장사꾼의 말을 자고로 3대 거짓말이라고 한다. 필자는 굶기를 밥먹듯이 하면서 어린 시절을 보낸 터라 배 터지게 먹어보는 게 소원이었고 그래서인지 먹는 장사 꿈만 꾸며 군생활을 보냈다. 원리원칙을 따지는 조직생활이 몸에 밴 지라 창업 또한 경영지침서의 이론을 중시했다.

식재의 원가가 음식가격의 35%대를 유지해야 한다는 외식업 전문가의 그럴듯한 글을 읽고 곧 부자될 것인 양 밤새 계산기를 두드려 가격을 결정했다. 그 말대로라면 고객이 줄을 서야 할 판인데 현실은 정반대였다. 그나마 오다가다 들르던 손님마저도 끊긴 뒤에서야 이론의 맹점을 깨달았다. 이제나저제나 하고 손님을 기다리는 피 마르는 심정을 겪어보지 않은 말쟁이들의 이론처럼 창업시의 실정은 그렇게 평탄하지 않았다.

절망의 나날이 계속되었다. 자포자기 상태에서 어차피 망할 것 손님구경이라도 원없이 해보자는 생각으로 마구 퍼주기 시작했다.

계산상으로는 분명히 밑져야 되는데 오히려 먹는 장사 12년만에 80억을 번 기적이 일어났다. 밑지고 판다는 장사꾼의 말은 거짓말 이라는 우리 속담의 뜻을 이제야 깨달았다.

외식시장의 후발주자인 창업자는 시장을 선점하고 있는 기존업 소의 우위를 약화시키고 후발주자의 새로운 우위를 창출해야 한 다. 상권 내의 유동인구는 어느 정도 한정되어 있다. 신생업소가 출현한다고 해서 유동인구가 늘어나는 것은 결코 아니다. 결국 창 업에서의 성공이란 기존업소의 고객이 신생업소의 새로운 마력에 이끌려 자연히 찾아오도록 하는 것이다. 그런데 외식산업의 특징 중의 하나가 '브랜드의 충성도' 가 강하다는 것이다. 외식업은 타업 종에 비해 단골집 선호경향이 뚜렷하다.

낯선 신생업소보다는 이미 신뢰가 확인되고 자기를 알아주는 단 골집으로 향하는 것이다. 개업집에 대한 호기심이나 또는 신생업소 의 판촉전략에 의해 그 업소를 방문하게 된 고객은 신생업소의 서 비스와 외식상품의 수준을 자신의 잣대로 재려든다. 단골집의 수준 을 잣대 삼아 비교하는 것이다. 이때 허술하다고 느끼면 "별거 아니 야. 역시 내 단골집이 최고야"라는 생각으로 발길을 끊는다.

이러한 경우 신생업소의 출현은 기존업소와 고객 간에 단골관계 만 강화시켜주는 즉 기존업소만 도와주는 격이 되는 것이다. 그러 므로 신생업소는 손님의 기대를 초월한 파격적인 음식과 서비스를 제공함으로써 고객을 놀라게 만들어야 한다. 손님으로 하여금 '나 도 이 집으로 단골을 바꿔야겠다' 는 생각을 갖도록 해야만 성공의 대열에 진입할 수 있는 것이다.

그럴듯한 이론이 만들어낸 허상에 빠지지 말라. 외식업은 현실이지 이론이 아니다. 외식시장은 멋들어진 드라마가 아닌 사활(死活)을 건 전쟁터다.

크든 작든 기대는 즐거움을 주고 무기력한 삶에 활력을 갖게 하며 오늘을 사는 꿈과 희망이 되기도 한다.

기대는 아름다운 것이다.

누구나 과거의 경험과 현재의 상황에 비추어 기대의 크기를 만들고 설레는 마음으로 그것이 채워지기를 기다린다. 어디서나 그렇듯이 업소를 방문하는 고객도 예외는 아니다. 음식과 분위기 그리고 서비스에 대한 기대가 모아져서 업소의 방문이 하나의 즐거움으로 고객의 마음속에 자리잡는다. 문제는 즐거움에 대한 고객의 기대를 무참히 깨트리는 업소이다.

우리에게 직장을 주고 월급을 주는 업소의 참 주인인 고객을 떠나서 우리는 존재할 수 없다. 이러한 당연한 진리를 도외시하는 업소는 결코 살아남을 수 없는 것이다. 경영자는 업소의 존재이유인 고객을 제일로 염두에 두어야 한다. 고객 제일주의의 영업 방침은 최고 경영자로부터 시작하여 프런트 라인 직원에게까지 전달되기 때문이다.

고객 제일주의의 시작은 다름 아닌 고객의 입장에서 생각하는 것이다. '기대가 크면 실망도 크다' 는 말은 외식업에서는 통할 수 없다. 고객의 기대가 큰 만큼 업소에서 얻는 기쁨도 커야 한다.

우리의 음식가격은 고급업소일수록 거품이 많다. 이 시대의 고객은 보다 싼 가격에 보다 질 좋은 음식을 원하고 있다. 식재의 구입에서부터 음식이 고객의 식탁에 오르기까지 원가절감을 위한 노력이 경주되어야 한다. 많고 많은 업소를 지나쳐 우리 업소까지 와주신 고마운 고객께 절감된 비용을 되돌려 드려야 한다.

음식값은 싼 것처럼 해놓고서는 주류나 음료에서 폭리를 취하는 얄팍한 상술은 더욱 나쁘다. 이제 파격적인 상품에 파격적인 가격을 제시할 수 있도록 가격의 거품을 걷어내야 한다. 그렇지 않은 업소는 그곳이 아방궁일지라도 외식시장에서 살아남기 힘들게 될 것이다.

월마트의 초저가 전략

구멍가게나 다름없는 허름한 상점이 창업 38년만에, 쟁쟁한 대기업이 기라성처럼 버티고 있는 미국에서 최대매출을 올리는 기업으로 부상했다. 월마트는 지난 반세기 동안 미국최대의 기업으로 군림해온 제너럴 모터스(GM)를 권좌에서 밀어낸 것이다.

미국 아칸소주 로저스에서 창업자 샘 월튼이 1962년 첫 할인점을 세움으로써 출범한 월마트의 초고속 성공비결은 바로 경쟁사들이 흉내내기 어려운 저가정책이다. 창업 때부터 수십 년이 지난 오늘날까지 지속되어온 매일 저가격(everyday low price)전략이 마케팅의 핵심이다.

최저가를 유지하기 위한 월마트의 노력은 거의 필사적이다. 그야말로 '마른걸레도 다시 짠다'는 정신으로 철저한 비용절감을 추구한다. 최첨단 기술을 이용한 재고관리, 물류 절감 시스템의 구축, 저가 수입품 활용, 무노조원칙 등 월마트의 비용절감 전략의 핵심을 경쟁사들이 앞다퉈 벤치마킹(benchmarking, BM, 동종업계 또는 초우량 기업의 최고수준을 배운다는 의미)하려 하고 있다. 고객에게 가장 싼 가격으로 판매하려는 월마트의 집요한 노력은 납품업체들까지도 최저가 공급을 위해 필사적인 노력을 기울이도록 만들었다.

엄청난 구매력을 자랑하는 월마트에 납품하려면 상품의 품질에 비해 월등히 싼 가격이어야만 되기 때문이다.

최대매출기업으로 부상했다는 경사스러운 소식에도 아랑곳없이 월마트의 대표이사 사장인 리 스콧은 '우리는 오로지 1센트라도 불필요한 비용을 줄이려는 데만 관심이 있다'라며 고객을 위한 초저가 판매에 대한 월마트의 광적인 집념을 대변했다.

→ 가식이 현대인을 슬프게 만든다

서비스업에 오래 종사한 사람일수록 습관적이고 기계적인 접대 태도가 몸에 배기 쉽다. "어서 오세요"라는 한마디 인사말도 마치 로봇처럼 되풀이할 때 오히려 불쾌감을 준다.

인류가 이룩한 위대한 과학문명의 그늘에서, 기계 속의 한 부속품으로 전락한 현대인은 참으로 외롭다. 그래서 늘상 가슴이 따뜻한 사람을 그리워한다. 누군가에게 마음을 열고 다가서고 싶지만 '눈 감으면 코 베어먹을 세상'이라, 눈 부릅뜨고 마음을 꼭꼭 닫으니 더욱 외로울 수밖에 없다. 반사적으로 던지는 겉치레 인사말보다는 차라리 침묵을 지키는 것이 낫다. 가식은 눈물겹도록 고독한 현대인을 더욱 슬프게 만든다.

필자는 정원산채를 개업하고 서너 달 동안, 종업원을 둘 형편이 못 되어서 조리와 설거지를 도맡아 했다. 주방에서 도마질을 하다가도 통유리 너머로 길 건너오시는 고객의 모습이 보이면 일순간 달려나가, 출입문의 손잡이를 붙잡고 서서, 어떻게 하면 고객을 기쁘게 맞이할 수 있을까 생각했다. 고객이 드실 음식을 담은 그릇을 쟁반에 놓아 갖다드릴 때도 즐거운 식사가 되도록 무엇을 도와 드리까 궁리했다. 고객이 가실 때에는 그 뒷모습을 바라보면서 혹시 내가 실수한 것이 없었는지 늘 반성했다.

방에서 식사하시는 고객의 흐트러진 구두를 바라볼 때도 많고 많은 식당을 제쳐놓고 초라한 우리 집까지 와주신 고객이 고마워서 나는 무릎을 꿇고 앉아 정성을 다해 구두를 정돈했다. 그리고 더러운 구두는 깨끗하게 닦아 놓았다.

큰 업소들은 막강한 자본을 밑천으로 고객을 끌어들인다. 그렇지만 가난한 영세업소에서는 무엇으로 고객의 마음을 사로잡을 것인가? 그것은 오직 '진실' 뿐이다. 고객을 바라보는 눈빛 하나, 고객을 향한 손짓 하나, 말 한마디까지도 마음에서 우러나오는 진실, 그 자체여야 한다. 오직 마음을 담은 접대만이 고객을 감동시킬 수 있는 것이다. 고객의 눈을 부드럽게 응시하며 조용히 그리고 가슴으로 말하는 습관을 몸에 배도록 하라.

1) 기쁨을 팔아라

고객은 업소가 존재하는 이유다. 고객이 없다면 일도 없고, 일이 없으면 업소도 없다. 고객은 내 인생을 화려한 성공의 반열에 올려줄 유일한 은인이며, 나의 가장 소중한 재산이다. 고객을 즐겁게 하기 위한 서비스는 힘들고 때로는 지루한 일일 수도 있다.

몸이 아프거나 스트레스로 인해 고객이 오는 것조차 짜증스러울 때도 있다. 그러나 성공하려면 내 직업에 완전히 기쁘게 일할 수 있는 자신을 만들어가야 한다.

19세기 가장 위대한 발명가 에디슨은 "나는 일생에 단 하루도 일한 적이 없다. 모두가 오락이었다"라고 말하였다. 일이 즐거움일 때 인생은 즐겁다. 그러나 일이 의무로 느껴질 때 우리는 인생의 노예가 된다. 업소의 일을 억지로라도 즐겁게 생각하도록 스스로 훈련하여야 한다. 슬퍼서 우는 것이 아니라 우니까 슬퍼지는 것이 인간이다. 내 업소 일을 내가 즐겁게 하지 않으면, 누가 즐겁게 일 해주겠는가?

대부분의 사람들은 불행하게도 성장과정에서 자기 자신을 패배자, 실패자 또는 환경에 적응해 나아갈 힘이 없는 무능력자로 마음에 각인해버린다. 인생 패배자의 90% 이상이 도전하지 않고, 행동으로 옮기지 않고 미리 포기한 사람이다. 특히 우리나라 사람은 실패에 대해 지나치게 집착함으로써 더 큰 실패를 자초한다. 성공한 사람은 한 번도 실패하지 않은 사람이 아니라 실패 속에서 그 원인을 찾아내고 걸려 넘어진 돌을 디딤돌로 활용한 사람들이다. 실패는 인생의 끝이 아니라 성공을 이루어가는 과정이기 때문이다.

생각은 인생의 씨앗이다. 항상 긍정적인 생각, 적극적인 행동으로 '반드시 성공한다'는 신념을 자신에게 주입시켜야 한다. 업소 카운터에, 안방의 거울에, 숙소의 화장실에 다음과 같은 신조를 부치고 또 지갑 속에 넣고 다니며 수시로 자신에게 주입시켜야 한다.

Change me

생각이 변하면 태도가 변하고,

태도가 변하면 습관이 변하고,

습관이 변하면 인격이 변하고,

인격이 변하면 인생이 변한다.

나의 천직인 외식업을 자랑스럽게 생각하며

내 직업을 즐기는 나는 반드시 성공한다.

나는 즐거움을 만드는 전문가로

내가 있는 곳엔 항상 기쁨이 넘친다.

'늘상 고객을 즐겁게 하기 위해 현실을 어떻게 개선시킬 수 있을까?'를 생각하여야 한다. 정보를 수집하고 개선안을 만들고 어떠한 경우일지라도 고객을 기쁘게 하는 것이 거부(巨富)가 되는 시작이요 끝임을 잊어서는 안 된다.

2) 자기의 직업을 즐겨라

200만 년 전 인류의 삶이 시작된 이래 인간은 먹거리를 얻고 확보하고 저장하는 투쟁의 역사를 통해서 음식문화를 형성해왔다. 먹지 않고는 살 수 없는 인간의 본능이 음식점의 발달을 촉진시켰고, 이제는 외식이 삶의 즐거움으로 자리 잡았다. "2000년대의 가장 중요하며 유일한 경제활동이 여가관련 산업일 것이다"라고 말한 미래학자 허먼 칸의 예언처럼 외식은 인간의 가장 중요한 여가의 하나가 되었다.

우리나라는 고려 말기에 중국에서 유교가 전래되면서 직업의 귀천에 따른 사회계급이 형성되었다. 고려, 조선시대까지 수백년 동안 지속되어온 사농공상(士農工商)에 의한 신분차별은 1894년 갑오경장 이후 점차 그 질서가 무너졌다. 그러나 우리 민족이 수백년 동안 상업을 천시하는 구태의연한 의식을 고집하며 가난에 시달릴 때, 미국, 일본 등은 외식업을 '굴뚝 없는 산업', '황금알을 낳는 거위'라고 극찬하며 달러박스인 외식산업을 탄생시켰다.

오늘날 외식산업이야말로 지구상 최고의 성장산업이며 가장 인간적인 직업이다.

나에게 주어진 일을 사랑하며 긍지와 자부심을 가져야 한다. 아직은 가난하고 자신이 초라하게 느껴질지라도 나의 직업인 외식업을 당당하고 자랑스럽게 여길 때 분명히 성공의 길은 열릴 것이다. 돈 버는 고생은 잠깐이나 가난한 설움은 영원하다. 비록 포장마차일지라도 '신성한 직업의식'을 가지고 최선을 다하며, 자기의 직업을 즐길 수 있을 때 비로소 행운의 여신은 달려오는 것이다.

3) 서비스는 오직 100%만 존재한다

이제 음식의 맛은 어디나 다 갖추어야 하는 평범한 전제조건이 되었다. 그렇다면 그 무엇이 우리 업소를 차별화할 수 있는 힘이 될까? 바로 서비스로부터 새로운 경쟁력의 창출 내지 차별화전략의 실마리를 풀어야 한다. 고객에게 서비스는 눈에 보이고 쉽게 느낄 수 있기 때문에 서비스를 통해 객관적으로 애매모호한 음식의 품질을 판단하는 경우가 많다.

예를 들어 추위에 떨며 업소의 문을 열고 들어섰다. 그 순간 따뜻한 실내공기가 온 몸을 감쌀 때 고객의 마음은 일시에 포근해지며 업소에 대한 신뢰가 돈독해진다. 그 고객은 음식도 맛이 있을 것이라고 예상하게 되고 결과는 틀림없이 즐거운 식사가 된다는 것이다.

업소에서 서늘한 기운을 느낄 때는 정반대의 현상이 나타난다.

따라서 영업시간에는 아직 고객이 없을지라도 항상 쾌적한 온도를 유지시켜야 한다. 언제 와도 이 집은 항상 따뜻한 집(여름에는 시원한 집)이라는 인식을 심어주기 위해서이다.

서비스는 음식의 품질이나 가격에 비해 경쟁업소들이 모방하기가 상대적으로 어렵다. 왜냐하면 서비스는 오직 100%만 존재하기 때문이다. 예를 들어 전화 백 통화 중에서 아흔아홉 번은 신속하고 친절하게 받고 단 한 통화만 몸이 피곤해서 짜증스럽게 응대했다고 할 때 업소에서는 1%의 실수에 불과하지만, 불친절을 체험한 고객의 입장에서는 100% 형편없는 업소로 기억되는 것이다. 바로 이것이 대부분의 업소들이 실패하거나 작은 성공에 멈추는 이유인 것이다. 따라서 큰 성공을 이루기 위해서는 종업원 한 사람 한 사람이 업소를 대표하는 서비스 전문가로 거듭 태어나는 몸부림이 있어야 한다.

필자는 개업 후 사 개월부터 고객들의 숫자가 하루가 다르게 늘어나는 것에 대처하기 위해 거의 매일 종업원을 보충해야만 했고, 그때 가장 중요한 채용기준은 '천성이 밝은 사람' 이었다. 그리고 신입종업원으로 채용된 여성들이 기존의 선배종업원과 한 팀이 되어 호흡을 같이 할 수 있도록 하기 위해 입사해서 이 주간은 오전 8시 10분까지 출근하여 하루 40분씩 별도의 신입직원 교육을 받게 하였다.

교육내용은 먼저 고객을 맞이하는 방법으로 한 걸음 앞으로 나오며 환한 미소로 생기 있게 "어서 오세요"라고 인사하고, 거부감을 갖지 않도록 부드럽게 인원수를 확인한 뒤, 고객의 오른쪽 두세 걸음 앞에서 좌석으로 안내하는 요령을 자연스럽게 몸에 배도록 했다. 그리고 주문을 받을 때는 고객의 오른쪽에서 메뉴를 건네고

물수건과 식수를 놓아드린다. 이때 물수건은 반드시 겨울에는 뜨겁게 여름에는 차갑게 관리하여 자연스럽게 고객의 손에 쥐어줌으로써 친밀감을 갖도록 유도했다. 음식을 서빙할 때도 고객의 오른쪽에서 오른손으로 제공하도록 하며 뜨거운 요리를 내놓을 때는 고객에게 뜨겁다는 말을 전하도록 하는 자상함도 훈련시켰다. 그리고 빈 그릇을 치울 때는 고객의 왼쪽에서 큰 것부터 작은 것 순으로 같은 크기의 그릇을 통일해서 치우고 이때 그릇 부딪치는 소리가 나지 않도록 조용히 그러나 신속하게 행동하도록 반복훈련을 시켰다. 고객이 가실 때에는 진심으로 감사 드리는 마음으로 다시 한번 인사 드리고 팁은 어떠한 경우라도 고객에게 부담을 주어서 결국 발길을 끊게 만들므로 정중하게 거절하도록 철저하게 교육시켰다.

이런 기초훈련이 끝나면 영업장 내부를 두루두루 살피며 고객에게 세심하게 배려할 줄 아는 임기응변 훈련을 시켰다. 가령 후식으로 나간 커피를 받고 약간 쓴 표정을 짓는 손님에게는 재빨리 설탕 그릇을 들고 다가간다든가 담배를 꺼내드는 고객에게는 재빠르게 라이터를 켜드리는 일, 잘 드시는 반찬은 고객이 부르기 전에 먼저 활짝 웃으며 더 갖다드리는 일 등 손님의 취향에 맞게 적시적소에 서비스하는 법을 반복훈련을 통해 몸에 배게 했다. 그리고 음식을 주문하고 기다리는 고객들이 지루하지 않도록 즉시 술과 잔부터 갖다주고, 그 다음 밑반찬을 갖다주면서 주문한 음식이 만들어져 나올 때까지 조급증을 내지 않도록 하는 훈련도 필수적으로 시켰다.

그뿐만 아니라 고급승용차를 타고 온 손님을 호명할 때는 "그랜저 1002번을 타고 오신 고객은 카운터로 나와주시면 고맙겠습니다” 하면서 호명용어 하나에도 고객의 품격과 권위를 지켜줄 줄 아는 배려를 아끼지 않았다. 반면에 털털거리는 트럭을 끌고 오신 고객을 호명해야 할 경우는 차종을 생략해버리고 차량번호만 호명하면서 싼 차를 타고 온 손님의 자존심이 상하지 않도록 하는 서비스법도 모든 종업원들에게 생활화되도록 반복훈련을 시켰다.

사람은 큰 바위에 걸려 넘어지는 것이 아니라 돌뿌리에 채여 넘어진다. 사업의 성공과 실패도 큰 문제로 좌우되는 것이 아니라 사소한 것들이 쌓여서 결정짓게 된다. 모든 종사자들이 작은 것 하나까지도 고객의 입장에서 생각하고 배려하는 서비스 전문가로 훈련되어야 한다. 업소의 최종 상품은 음식이 아니라 고객의 감동이기 때문이다.

얀 칼존의 고객만족 경영

고객만족 경영이라는 말이 우리 시대에 부각되기 시작한 것은 1980년대 초 유럽의 스칸디나비아항공(SAS)의 적자탈출 전략이 성공한 것이 계기이다. 당시 신임 사장으로 얀 칼존(Jan Carlzon)이 취임했을 때 스칸디나비아 항공사는 1천7백만 달러의 적자에 허덕이고 있었다. 원인은 고객들과 직접 대면하는 최일선 직원들보다 관리직이나 사무직 종사자들이 우대를 받으면서 회사를 좌지우지한 까닭이었다. 그러므로 고객을 접촉하는 직원들의 사기가 떨어져 있었던 것이다.

이런 사내 분위기를 파악한 얀 칼존은 고객만족만이 적자를 흑자로 전환할 수 있는 유일한 길이라는 결론을 내렸다. 따라서 회사조직을 역피라미드형으로 개편하여 고객을 직접 상대하는 직원들이 회사의 실질적인 운영을 맡도록 대대적인 조직개편과 인사이동을 단행하였다.

그의 저서 『진실의 순간』에서 "고객들은 대면을 하든 전화를 통해서든 직원들과 접촉하는 시점인 최초 15~30초가 서로의 참된 '진실의 순간'(MOT, Moment Of Truth)이다. 이 순간에 고객이 만족을 느끼지 못하면 고객은 떠나간다"고 강조하고 있다.

따라서 그는 고객과 고객을 제일 먼저 접하게 되는 회사의 프론트 라인 직원과의 '만남'을 가장 중요한 순간으로 보았다. 그 순간에 고객을 만족시키기 위해 모든 것을 고객 편에서 객관적으로 분석하고 파악하여 그 만족도를 측정하고 이를 다시 경영에 반영시켜 나아갔다.

성과는 곧 나타나기 시작했다. 회사의 조직을 개편한 1년 뒤에는 5천4백만 달러의 흑자를 기록했다. 적자에서의 탈출을 경비절감에서 찾지 않고 고객을 늘리고 판매를 증대시키는 확대경영의 방법에서 찾은 것이 대성공을 거둔 것이다.

외식업의 고객감동 경영

이제는 고객만족보다 한 차원 앞선 고객감동의 경영을 이루어야 한다. 왜냐하면 고객만족이란 문제가 발생한 후에 고객이 요청할 때를 기다렸다가 불평불만을 해소시켜주는 사후 조치의 경향이 많았다.

그러나 고객감동의 경영은 고객의 욕구를 사전에 예측하여 즉 고객이 문제를 인식하거나 제기하기 전에 불평불만 요소를 아예 발생하지 않도록 하는 것이다. 다시 말해 '완벽' 그 자체를 추구함으로써 고정고객뿐 아니라 잠재고객에게까지도 짜릿한 감동을 안겨주어 우리 업소의 고객이 되도록 만드는 경영이라 할 수 있다.

고객감동의 경영을 실현하기 위해서는 서비스의 개념을 업소 종사원의 활동뿐만 아니라 업소의 모든 물적 자원에까지 확대하여 반영시켜야 한다. 그러기 위해서는 얀 칼존이 제시한 '진실의 순간'을 재고해볼 필요가 있다. 고객이 업소와 접촉하는 최초의 접점(MOT)에서 고객으로 하여금 감격적인 인상을 느낄 수 있도록 하여야 한다. 여기에서 중요한 것은 업소에는 무수히 많은 고객접점을 가지고 있다는 것이다.

예를 들어 고객과 직접 또는 전화로 대면하는 직원 외에도 업소의 간판, 출입문, 통로, 화장실, 탁자, 의자, 그릇류 등등 업소의 모든 것이 고객접점이다.

업소의 전단지 한 장이라도, 3초 안에 고객의 마음을 사로잡을 수 있도록, 차별화된 인상을 줄 수 있도록 제작되어야 한다. 고객은 바로 그 순간에 그 업소를 평가하는 경향이 강하기 때문이다.

그리고 업소의 최종상품인 고객감동만이 업소에 대한 충성도를 높일 수 있으므로 완벽한 고객감동의 창출을 위해 고객접점을 담당하는 종업원을 업소 전체가 지원하는 체제의 실현이 중요하다.

3 조직을 철저하게 운영하라

➡ 종업원을 조직화하라

모든 업소는 단 하나의 공통된 초점을 가지고 있다. 그것은 뛰어난 서비스를 제공하든가, 아니면 망하든가, 둘 중 하나를 선택하게 된다는 것이다.

21세기는 서비스 전쟁시대이다. 뛰어난 서비스를 제공함으로써 단골고객을 확보해야 하며 그들을 계속 단골로 유지하기 위한 부가서비스 전략을 지속적으로 개발해 나가는 것이 사업 성공을 위한 2대 과제이다.

뛰어난 서비스를 제공하는 것도 지속적인 부가서비스 전략의 개발도 결국은 사람이 하는 것이다. 즉, 1차 고객인 종업원이 업소의 가장 커다란 자산이며 이들을 어떻게 관리하느냐에 따라 사업의 성공 여부가 결정된다고 해도 과언이 아니라는 것이다.

1) 조직화의 틀을 만들라

업소의 조직화란 종업원들이 서로 연관된 활동을 하도록 개개인을 하나의 통일체로 만드는 것을 말한다.

즉, 조직화의 목적은 업소에 종사하는 여러 사람이 마치 한 사람이 움직이는 것처럼 완벽한 팀워크를 이루도록 하는 것이다.

조직화의 훌륭한 모델은 사람이다. 머리, 팔, 다리, 몸통 등 지체가 모여 한 사람이라는 통일된 유기체를 이룬다. 이러한 유기체는 몸무게의 2.5%밖에 안 되는 '뇌'라는 최고경영자의 명령에 따라 일사분란하게 하나같이 움직인다.

업소의 조직은 인원이 적든지 많든지 간에 고객에게 뛰어난 서비스를 제공하기 위한 경영방침에 최선을 다하도록 조직화되어야 한다.

뛰어난 서비스란 고객에게 쾌적함과 즐거움을 제공하는 것이며 이것은 업소조직화의 궁극적인 목표이기도 하다. 고객은 업소에서 맛있는 음식과 그로 인해 쾌적한 분위기 속에서 즐기기를 요구한다.

여기서 중요한 것은 단지 맛있다는 것과 쾌적함을 즐기는 것뿐만 아니라 그것이 언제나 동일한 수준으로 유지될 때 고객의 신뢰를 얻을 수 있다는 것이다.

고객이 많은 유명한 업소는 숙련된 기능자 집단에 의해 언제나 양질의 음식과 서비스를 제공할 수 있도록 한다.

이것이 바로 고객의 신뢰를 얻는 점이다. 그러나 숙련된 기능자가 적은 소규모 업소는 조금만 바빠져도 고객들에게 제공되는 음식과 서비스의 품질이 떨어져버린다.

오픈 때 잠깐 반짝하던 업소가 금방 손님이 줄어드는 것은 처음의 품질이 기대 이하로 떨어져버린다든지 바빠서 모든 것이 엉망이 되어버려 고객의 기대를 저버린다든지 하는 이유에서이다.

따라서 조리사든 종업원이든 작업내용이 무엇이든 간에 언제나 동일한 결과 즉 품질에 틈이 생기지 않도록 하기 위한 것이 바로 조직화의 필요성이다.

■ 조직화의 틀을 견고히 하기 위한 세 가지 지침

종업원을 조직화하기 위해서는 이느 정도의 정형회된 틀이 필요하다. 이 틀을 견고히 하기 위해서는 먼저 세 가지 지침을 이해하여야 한다.

첫째, 아담 스미스가 『국부론』에서 제시한 분업과 전문화의 원칙이다. 업소가 크면 클수록 종사원의 업무를 가능한 세분화하여 단순화시켜야 한다.

누구든지 똑같이 확실하게 할 수 있게 하기 위해서는 하나하나의 작업이 단순화될 필요가 있다. 여기서 단순화라는 것은 처음부터 단순한 것을 단순하게 행한다는 의미가 아니라 어렵고 복잡한 것을 쉽게 단순화시킨다는 뜻이다. 어렵고 복잡한 작업 과정을 세분시켜 분할하면 그 분할된 과정 하나하나는 단순화된다. 이것을 전문화라 한다.

단순하기 때문에 용이하게 할 수 있다. 용이하기 때문에 누구든지 확실하게 할 수 있다. 따라서 단순화된 작업을 표준화시키는 것이 필요하다.

예를 들면 봉사팀 종업원의 접객방법을 과정별로 구분한 다음 그에 따른 동작, 자세, 언어(접객용어)사용 등 일정한 기준을 정하여 접대기술로 규격화하는 것이다. 이것을 매뉴얼(manual, 작업편람)이라 한다. 매뉴얼은 예외 없이 지켜야 될 기준이며 누가 하든 똑같은 결과를 자연스럽게 얻을 수 있는 체계이다. 업소의 실정에 맞게 조리팀과 봉사팀의 매뉴얼을 만들고 이것이 정확하게 수행되도록 습관화시켜야 한다.

둘째, 효율적인 지시와 보고체계를 구성하기 위해 지시 단일화의 원칙을 적용해보는 것이다.

종업원은 오직 단 한 명의 상사에게만 보고하도록 하고 그리고 누구에게 지시를 받아야 하는지 분명히 공식화해야 한다. 중복된 지시와 중복된 보고는 지휘계통의 혼선에서 오는 갈등을 유발시켜 근무의욕을 상실하게 만든다.

특히 이 사람 저 사람의 상이한 지시는 종업원으로 하여금 나도 모르겠다는 생각을 갖게 하여 될 대로 되라는 식의 무책임한 근무태도를 갖게 만든다.

셋째, 업무분담 및 팀별 조정기능이 제대로 이루어져야 한다. 어느 팀의 누가 어떤 업무를 수행할 것인가 하는 직무기술서를 명확하게 작성해야 한다. 그리고 자기 팀의 목표달성에만 집착하게 되면 갈등이 생기게 되므로 이를 조정하는 기능이 필요하다.

예를 들어 봉사팀은 손님의 욕구를 만족시키기 위하여 보다 많은 서비스 음식을 요구하게 되고 조리팀은 원가절감을 이유로 봉사팀의 요구를 거절하게 된다. 따라서 오너는 업소 전체의 이익을 위하여 팀별로 협력하도록 유도하여야 한다.

2) 종업원의 직급을 다 없애라

업소의 조직은 크게 두 개 팀 즉 조리팀과 봉사팀으로 구분함으로써 업무분배가 용이하도록 해야 한다. 그리고 조식을 단순화하고 업소를 민주적으로 운영하기 위해서는 사장 이외에는 모든 종업원들의 직급을 아예 두어서는 안 된다.

층층으로 존재하는 직급이 업무의 효율을 올리는 데 기여하기보다는 특권적 권한행사에 치중되어 오히려 조직의 활성화를 막기 때문이다.

더욱이 지배인, 부장 등 중간관리자를 두어서는 안 된다. 왜냐하면 오너의 경영방침이 중간관리자로 인해 왜곡될 수 있으며 오너와 종업원들 간에 의사소통이 지연되기 때문이다.

더 큰 문제는 자기 사람이 필요한 중간관리자와 자기 뒤를 봐줄 상급자가 필요한 종업원들이 서로 영합하여 편을 가름으로써 성취욕이 있는 종업원들에게 좌절감을 가져다줄 수 있다는 점이다.

따라서 종웝원은 오직 팀장에게만, 팀장은 오직 사장에게만 보고하고 지시 받는 지휘계통을 명백하게 확립하여야 한다.

여기에서 팀장과 팀원은 상하관계가 아니라 파트너로서 서로 상부상조하는 대등한 관계이다.

다만 팀장은 사장의 방침이나 지시를 전달하는 전달자로서 스포츠 팀을 예로 들면 감독이 아니라 그 팀의 주장 역할을 하는 것이라고 보면 된다.

주장은 경기에서 승리할 수 있도록 조직적인 팀워크 플레이가 이루어지도록 선수 전원을 보살피는 팀에서의 맏형 역할을 담당하는 것이다.

대외적으로 업소를 대표하는 사장 이외에는 전직원 모두가 평등하므로 다만 경력과 업무의 중요도, 보유기술 등에 따라 개인별로 급여만 차이를 두면 된다.

3) 조직표를 부착하라

　종업원들에게 조직화의 의식과 수평적 조직의 분위기를 확산시키기 위해 또한 고객에게 체계 있는 업소의 이미지를 부각시키기 위해 카운터 주위에 [표 1]과 같은 업소조직표와 근무수칙을 부착하는 것이 필요하다.

　팀별 업무가 효율적으로 배분되도록 업소조직을 크게 조리팀과 봉사팀으로 구분한 다음, 팀원 개인의 업무를 적절히 분배해야만 종업원들이 의욕적으로 근무할 수 있다. 업무는 가능한 개인의 소질과 취미를 살려 분담시켜야 한다. 즉, 자신의 일을 사랑할 수밖에 없도록 최적의 임무를 부여하는 것이 가장 이상적이다. 그리고 각자의 책임과 권한을 직무기술서에 명기하여야 한다.

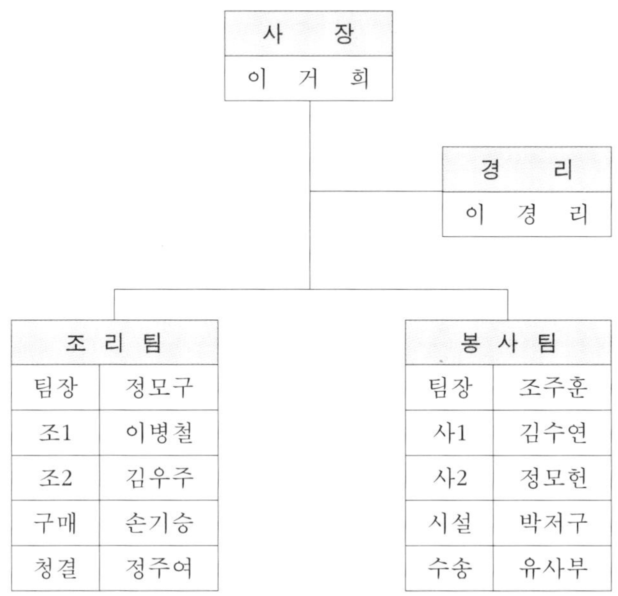

[표 1] 조직표

개인의 업무는 팀워크 책임과 직능 책임으로 구분하여 주어진
다.

팀워크 책임이란 조리팀이나 봉사팀에서 조리 또는 서빙 시에
빈틈없는 팀워크 플레이를 위해 팀원 전원에게 개인별로 주어지는
책임을 말한다. 그리고 직능책임은 기본임무인 팀워크 책임을 수
행하면서 별도로 부과된 직무로서 예를 들면 조리팀 내 구매 책임
또는 청결 책임 등이다. 구매책임자는 운전이 가능한 조리팀 소속
인원으로 식재의 구매를 책임지는 팀원을 말한다.

청결책임자는 50~60대 여성 아르바이트 종업원이 적절하며 오
전과 오후 영업준비시간에 화장실, 출입구, 계단, 통유리, 대형 거
울 등의 청결을 책임지는 팀원으로 보통 때는 조리팀 내에서 야채
류 다듬기 등의 기초작업에 종사토록 업무를 부여한다.

봉사팀도 동일한 방법으로 팀워크 책임을 수행하면서 시설책임
자는 화장실, 출입구, 계단, 환풍기, 보일러 등의 시설에 대한 수리
의뢰나 보수 등을 책임진다. 여기서 에어컨, 온풍기, 전기, 수도,
가스, 냉장고, 정수기, 작업대 등은 사용하는 팀의 팀장 책임하에
관리하는 것이 효과적이다.

수송책임자는 주차장관리나 고객수송을 책임지는 팀원으로서
더욱 복장을 단정히 해야 한다. 지저분한 복장에 무뚝뚝한 표정과
말투의 주차장 관리인으로서는 차별화된 서비스를 제공할 수 없기
때문이다.

■ 구매와 주차장 관리는 오너가 직접 하라

업소가 안정적인 궤도에 진입할 때까지는 조리팀의 구매 업무와
봉사팀의 주차장 관리 업무는 오너가 직접 맡는 것이 최선의 방법

이다.

식재의 구매는 농수산물은 새벽에 도매시장에서, 축산물과 양념류, 생필품류 등은 오후 3시부터 오후 6시 사이에 축산물 도매시장과 대형할인점 등에서 매입하는 것이 원가를 절감할 수 있는 방법이다.

주차장은 전화 통화와 마찬가지로 업소에 대한 첫인상을 느낄 수 있는 중요한 곳이다. 따라서 오너는 깨끗한 정장차림으로 근무해야 하며 고객의 차량이 주차장으로 진입할 때 달려 나가서 차량의 문을 열어드리고 정중한 인사와 함께 대행주차를 해야 한다.

이때 사장이라는 자존심을 내세워 천천히 걸어가거나 굳어진 표정을 보여서는 안 된다. 오너의 행동, 자세, 표정, 언어에서 고객을 위하는 열성이 진실되게 표현되어야 한다.

대행주차를 할 때에도 액셀러레이터를 세게 밟아 엔진소리가 요란해서도 안 된다. 고객의 차량을 아껴주는 신중한 모습이 비쳐질 때 고객은 감사의 마음을 느낄 수 있을 것이다.

특히 화물차나 싼 차일수록 더욱 정중하고 친절하게 맞이해야 한다. 대부분의 고객들은 업소 종사원의 본의 아닌 실수에도 허름한 차를 타고왔다고 얕잡아본다는 식의 오해를 곧잘 한다. 그러므로 고객이 열등감을 느끼지 않도록 더욱 자상하게 친절을 베풀어야 한다.

오너의 성실하고 친절한 주차장 근무태도는 2차 고객(외부고객)의 감동뿐만 아니라 1차 고객(내부고객)인 종업원들에게까지 뛰어난 서비스의 모범이 되므로, 업소의 서비스 문화를 형성하는 데 수준 높은 기준을 제시하게 된다.

서비스 문화란 고객이 업소에서 보고, 듣고, 느끼고 체험하는 모

든 것을 말한다. 양질의 서비스 문화는 오너의 고객 서비스에 대한
철학에서 나온다. 오너가 고객 서비스에 대한 확고한 방침이 없다
면 고객 서비스의 향상은 어느 수준에선가 멈추게 된다. 결국 사업
이 실패하거나 작은 성공으로 멈추게 되는 이유가 되는 것이다.

만일 오너가 영업 현장을 소홀히 하거나 아니면 다른 곳에서 시
간을 보내는 것으로 인식되면 종업원들은 고객 서비스를 위해 몸
을 바치지 않는다. 오너로서 종업원을 설득시키려면 먼저 자기 자
신을 설득하여야 한다.

오너의 고객 서비스에 대한 의지와 노력은 업소의 고객 서비스
성공에 결정적인 영향을 끼친다.

따라서 최소한 오전 11시 50분부터 오후 2시까지 그리고 오후 6
시부터 밤 9시까지는 오너가 주차장 관리 및 대행 주차업무에 솔선
하면서 서비스 현장을 지켜야 한다.

4) 서비스의 품질을 평가하라

업소운영의 핵심인 고객에게 뛰어난 서비스를 제공하기 위하여
업소의 모든 역량이 집결되어야 한다.

오너는 종업원들이 고객에게 제공하고 있는 서비스의 품질을 계
속적으로 평가하여 그 결과를 종업원들에게 알림으로써 서비스 노
력의 단점을 보완하고 장점을 강화해 나가야 한다. 그러기 위해서
는 업소의 조직에 모니터링 시스템이 갖춰져야 하며 이 기능은 조
직표상의 경리나 오너가 직접 담당하는 것이 효율적이다.

경리는 그 외에도 업소의 카운터 근무, 세무업무, 은행통장관리,
각종 카드의 입출금 및 전표관리, 공과금을 포함한 영수증 관리 등

의 책임을 맡는다.

통상 경리업무는 오너의 가족이 수행하는 것이 안전하다.

즉, 남편은 구매업무와 주차장 관리업무를 맡고 부인은 경리업무를 담당하는 것이 부부간의 이상적인 업무 분담이다.

경리는 업소의 서비스 품질을 평가하기 위해서 다음 사항을 시행하여야 한다.

- 예약고객이나 단체고객을 업소에서 접대하였거나 또는 출장접대를 하였을 경우에는 24시간 이내에 고객에게 전화하여 음식의 품질과 서비스의 수준 그리고 불편했던 점 등을 확인해야 한다. 그럼으로써 접대에 투입된 종업원의 서비스 품질을 향상시킬 수 있다.
- 암행고객을 활용하여 업소를 방문케 하거나 전화로 예약문의 등을 함으로써 종업원의 서비스 노력을 평가할 수 있다. 특히 전화를 받는 종업원은 업소의 이미지에 중대한 영향을 미치므로 예약상담 전문가다운 자격을 갖춘 사람이어야 한다.

업소의 전화는 벨이 2회 이상 울려서는 안 된다. 부득이한 사정으로 2회를 초과한 경우는 수화기를 들고 먼저 "늦게 받아서 죄송합니다"라는 사과부터 해야 한다.

또한 고객이 수화기를 내려놓을 때까지 기다려야 한다. 무언가 갑자기 생각난 것을 말하려 하는데 '철컥' 끊어버리거나 "네, 네, 알았습니다" 하고 일사천리로 대꾸만 하고 일방적으로 전화기를 내려놓는 경우에 왠지 상대가 경망스럽게 느껴지고 자신이 소홀한 대접을 받은 것처럼 생각되는 것이다. 따라서 경리 근무자는 전화 응대의 매뉴얼을 만들어서 세련되게 상담에 임할 수 있도록 해야 한다.

- 설문지로 고객의 만족도를 파악할 수 있다. 설문은 고객이 업소를 방문하였을 때나 우편이나 전화로 할 수 있다. 이때 중요한 것은 설문에 응해준 고객에게 반드시 기념품을 전달해야 하는 것이다. 그럼으로써 업소에 대한 고객의 지속적인 관심을 유도할 수 있기 때문이다.
- 직원 퇴사 시에는 오너가 직접 면담을 해야 한다. 업소를 떠나는 직원은 업소의 잘못된 점을 지적해도 잃을 것이 없으므로 비교적 솔직한 정보를 제공한다.

업소에 못마땅한 점이 있을지라도 가급적 싫은 소리를 하지 않으려는 것이 고객의 심리이다. 음식에 대해서는 더욱 그렇다.

업소 주인이 음식이 어떠냐고 친절하게 물어보는데 형편없다고 솔직하게 말하는 고객은 드물다. 다시는 안 올 집인데 구태여 주인을 언짢게 하지 않겠다는 뜻이다. 따라서 고객의 진의를 파악하도록 노력하여야 한다.

5) 매출목표를 명확히 하라

업소의 팀제를 효율적으로 운영해 나가려면 우선 수평적 조직이 정착되어야 하며 매출목표가 분명하고 팀원의 자율성이 보장되어야 한다.

팀에게 주어지는 매출목표와 그 성과에 따른 보상을 명백히 함으로써 빈틈없는 팀워크를 유도할 수 있다. 다만 기본급 이외 주어지는 보상은 개인에게 지급하는 것보다는 팀 단위로 지급하는 것이 효과적이다.

왜냐하면 일반적으로 외식업소의 성과급은 소액일 수밖에 없으므로 개인별로 분할 지급하는 것보다는 팀 단위로 합산하여 지급하고 그 사용방법도 팀에게 일임하는 것이 훨씬 효과적이기 때문이다.

그럼으로써 자연스럽게 팀의 단합을 꾀할 수 있으며 아울러 목표달성에 대한 의욕도 북돋울 수 있다. 이러한 보상은 목표달성의 횟수와 연계시켜 현실성 있게 책정하여야 한다.

■ 1일 두 개의 목표를 두라

외식업에서 매출목표를 월 단위로 설정하는 것은 비능률적이다. 생산과 소비가 한 장소에서 동시에 이루어지는 외식업은 고객을 접대하는 순간순간 고객의 감동을 엮어가기 위한 열성이 지속되어야 한다. 즉 영업장에서 근무하는 동안 한시도 긴장을 풀어서는 안 된다는 것이다.

종업원들을 긴장시키는 고삐가 바로 매출목표이며 이를 달성하기 위한 노력과 그 노력의 결과 확인은 주기를 짧게 할수록 효과가 크다.

따라서 점심시간대와 저녁시간대로 나누어 1일 두 개의 목표를 두며, 업소의 실정에 맞는 실현 가능한 목표를 제시해야 한다.

■ 경리일지를 기록하라

점심시간대의 목표를 '15시 목표', 저녁시간대의 목표를 '마감목표'라 한다.

15시 목표와 마감목표는 두 가지 방법으로 부여할 수 있다. 예를 들면 '15시 목표 120만원'과 같이 금액으로 부여하거나 또는 '마감목표 설렁탕 200그릇' 등과 같이 표적상품의 수량으로 부여할 수 있다. 하나 또는 두 방법 모두 병행해서 업소의 실정에 맞게 목표를 설정하되 중요한 것은 실현가능한 목표여야 한다는 것이다.

15시 목표는 영업을 개시한 시간으로부터 오후 3시까지의 매출목표로서 오후 3시를 기준으로 1차 영업을 결산하여 매출금액을 [표 2]와 같은 경리일지 15시 매출란에 내용별로 기록('지출란'은 제외)하고 목표달성 여부를 종업원들에게 알린다.

경리 근무자는 매일 15시 매출 결산이 완료되는 대로 현금을 입금시키고 카드결재전표를 처리한다.

오너는 카운터 업무의 정확성을 높이기 위해 사전에 업소의 1일 지출금(준비금 또는 운전자금)을 판단하여 경리근무자가 별도로 관리하도록 하며 당일 매출금은 절대 지출하지 못하도록 체계화시켜야 한다. 이것은 별도로 관리하는 준비금으로 모든 지출을 함으로써 당일 매출 현금의 계산상 착오를 방지하기 위한 것이다. 1차 결산이 완료되면 모든 종업원은 2차 목표인 마감목표의 달성을 위해 힘을 모아야 한다.

마감목표는 오후 3시 이후부터 영업을 마감할 때까지의 매출목표이다. 경리 근무자는 영업종료 시에 2차 결산을 하며 이때 준비금에서 지출된 금액만큼 당일 매출금으로 보충시키고 경리일지 마감매출의 '지출난'에 기록한다. 지출내용도 경리일지에 세부적으로 구분하여 기록함으로써 낭비를 줄일 수 있게 하는 근거를 마련할 수 있다.

경리일지

	책임자		사장	

월   일   요일

<table>
<tr><td rowspan="2" colspan="2">구분 / 매출</td><td>15시 매출
(개시~15시)</td><td>마감 매출
(15시~마감)</td><td colspan="2">매출</td></tr>
<tr><td></td><td></td><td>당일 계</td><td>월 누계</td></tr>
<tr><td rowspan="9">내용</td><td>현금</td><td>원</td><td>원</td><td>원</td><td>원</td></tr>
<tr><td rowspan="2">카드</td><td>매</td><td>매</td><td>매</td><td>매</td></tr>
<tr><td>원</td><td>원</td><td>원</td><td>원</td></tr>
<tr><td rowspan="2">외상</td><td>건</td><td>건</td><td>건</td><td>건</td></tr>
<tr><td>원</td><td>원</td><td>원</td><td>원</td></tr>
<tr><td>지출</td><td>원</td><td>원</td><td>원</td><td>원</td></tr>
<tr><td colspan="2">계</td><td>원</td><td>원</td><td>원</td><td>원</td></tr>
</table>

지출세부내용

세출결산자료(영수증 보관 당해년도 1.1~신년 1.31)

<table>
<tr><td colspan="2">1. 식재구매</td><td colspan="2">2. 주류 및 음료</td><td>8. 비품비</td><td>16. 기본금</td></tr>
<tr><td rowspan="2">야채류</td><td></td><td rowspan="2">주류</td><td></td><td></td><td></td></tr>
<tr><td></td><td></td><td></td><td></td></tr>
<tr><td rowspan="2">곡물류</td><td></td><td rowspan="2">음료류</td><td></td><td>9. 수선비</td><td>17. 상여 및 수당</td></tr>
<tr><td></td><td></td><td></td><td></td></tr>
<tr><td rowspan="2">축산물</td><td></td><td colspan="2">3. 소모품비</td><td></td><td></td></tr>
<tr><td></td><td></td><td></td><td>10. 구독시청료</td><td>18. 퇴직적립금</td></tr>
<tr><td rowspan="2">수산물</td><td></td><td colspan="2">4. 통신운반비</td><td></td><td></td></tr>
<tr><td></td><td></td><td>전화</td><td></td><td>19. 복리후생비</td></tr>
<tr><td rowspan="2">양념류</td><td></td><td></td><td></td><td>11. 위생사업비</td><td></td></tr>
<tr><td></td><td colspan="2">5. 수도광열비</td><td></td><td>20. 교통비</td></tr>
<tr><td rowspan="2">과일류</td><td></td><td colspan="2">전기</td><td>12. 홍보비</td><td></td></tr>
<tr><td></td><td colspan="2">수도</td><td></td><td>21. 목표달성연수비</td></tr>
<tr><td rowspan="2">얼음빙과</td><td></td><td colspan="2">가스</td><td>13. 도서인쇄비</td><td></td></tr>
<tr><td></td><td colspan="2">난방용연료</td><td></td><td>22. 기밀비</td></tr>
<tr><td rowspan="4">기타식재</td><td></td><td colspan="2">6. 차량유지비</td><td>14. 경조비</td><td></td></tr>
<tr><td></td><td colspan="2"></td><td></td><td>23. 회의운영비</td></tr>
<tr><td></td><td colspan="2">7. 제세공과금</td><td>15. 사회사업비</td><td></td></tr>
<tr><td></td><td colspan="2"></td><td></td><td>24. 등기소송비</td></tr>
<tr><td></td><td colspan="2"></td><td></td><td></td></tr>
</table>

[표 2]

▨ 포스 시스템을 도입하라

기존의 식당경영은 그날 몇 그릇을 팔아 손실은 어느 정도이고 재고량은 또 얼마나 되며 얼마만큼의 이익을 남겼는지 꼼꼼히 따지기보다는 그저 판매한 매상으로 이익률을 평가했다. 좀더 나은 경영이라고 해도 전표에 의해 판매한 수량파악과 영수증 정도를 관리하는 것이 고작이었다.

설령 음식의 판매에서부터 집계, 재고파악, 경영분석 등을 시도하려고 해도 복잡한 업무를 수작업에 의존함으로써 인력과 시간의 낭비는 물론이고 자료 자체도 오판, 오기, 누락 등 정확도와 분석력이 떨어졌다.

특히 메뉴개발이나 판촉전략의 수립에 필요한 메뉴별 판매에 대한 분석은 복잡하고 시간도 많이 걸려 아예 포기하고 대충 느낌으로 판단함으로써 결과는 매출저하로 이어져왔다.

이제 디지털시대의 한층 다양해진 고객의 욕구를 충족시키고 트랜드의 변화를 신속히 파악하기 위해 업소의 과학적인 관리가 절실히 요구되는 때이다.

이 문제의 해결사로 등장한 것이 바로 포스 시스템(Point on sale system, 판매시점 정보관리)이다. 점포 내 포스(POS)란 메뉴표가 붙은 소형주문 입력기를 가진 봉사팀 직원이 객석에서 주문을 받아 그 내용을 무선으로 주방과 포스 레지스터에게 자동적으로 보내는 시스템이다. 포스 시스템의 신속한 자료들은 마케팅의 방향을 제시함으로써 목표달성을 용이하게 만든다.

우선 고객의 주문내용을 주방에 알리느라 큰 소리낼 필요도 없고 전달의 착오도 줄일 수 있다. 고객의 주문과 동시에 주방에서는 조리를 시작할 수 있어 보다 빠르게 요리를 내놓을 수 있다.

카운터에서는 계산상의 착오가 줄고 고객을 기다리게 하는 루스타임이 단축되어 접객 서비스를 향상시킨다. 투자비용이 문제이지만 포스 시스템을 도입함으로써 인원을 줄일 수 있으며 서비스를 향상시키고 업소운영의 비용을 절감시킬 수 있다. 그리고 종업원들의 근무시간을 단축시키고 아울러 생산성을 향상시킬 수 있으므로 포스 시스템의 도입을 창업 시 신중히 검토해야 할 것이다.

6) 자율권을 부여하라

모든 종업원들은 고객을 대할 때 업소의 대표자로서 행동할 수 있도록 권한이 부여되어야 한다. 업소에는 '고객제일' 이니, '고객은 우리의 은인' 이니 하는 그럴듯한 표어나 현수막을 걸어 놓고서는 막상 고객을 대할 때는 업소의 방침상 안 된다느니 또는 사장님이 오셔야 된다느니 하면서 고객을 불편하게 만든다면, 그런 업소는 머지않아 서비스 부재현상이 나타나게 된다.

진정한 고객중심의 업소는 고객감동을 위해서 어떠한 장애물도 두어서는 안 된다.

봉사팀 종업원들이 근무중에 고객에게 서비스 음식을 제공하려할 때마다 사장에게 허락을 받아야 되는 업소도 곤란하다.

종업원에 대한 오너의 불신도 문제지만 고객을 즐겁게 하는 일에 일일이 결재를 맡고 행해야 하는 조직체계가 더 큰 문제이다.

종업원을 믿고 권한을 위임하여야 한다. 오너 혼자서 모든 것을 다 하려는 것은 완벽주의가 아닌 '독선' 임을 알아야 한다.

항우와 유방 두 사람은 진나라의 시황제가 죽은 뒤 천하를 놓고 다투었다. 처음에는 압도적으로 항우 쪽이 우세하였다. 그러나 유방은 끈질기게 열세를 만회하여 결국 항우를 격파하고 한나라를 세웠다.

유방이 부하들에게 물었다.

"항우를 꺾고 내가 천하를 통일한 것은 무슨 연유라고 생각하느냐?"

"폐하는 땅을 빼앗으면 곧 부하에게 맡기시지만 항우는 자기보다 현명한 사람을 질투하고 장수가 싸움에 이겨도 소중히 여기지 않으며 땅을 빼앗아도 남에게 맡기지 않았습니다."

그러자 유방은 웃으며 "그대들은 잘 모르고 있군. 나는 지략에 있어서는 장량보다 못하고 관리하고 다스리는 데는 소하보다도 못하고 병을 일으켜서 싸우는 데는 한신보다도 못하지만 이 세 사람에게 중책을 맡겨 각자의 능력을 충분히 발휘하도록 했다. 내가 천하를 잡은 것은 바로 그 때문이다."

유방은 포용력이 있어 부하를 적재적소에 활용하는 데 능숙하였으므로 천하통일의 대업을 실현시킬 수 있었다.

21세기는 아이디어를 최고의 자산으로 꼽는 창의력의 시대이다. 새로운 정보경제시대에 오너가 가진 지식과 경험은 제한적일 수밖에 없다. 따라서 오너는 일방적인 지휘나 통제로 조직을 이끌기보다는 조직 내 구성원들이 창의와 열정을 발휘할 수 있도록 여건을 만드는 것이 중요하다.

고객을 가장 잘 아는 사람은 사장이 아니라 고객을 직접 대하는 봉사팀의 직원들이다. 그들은 업소의 눈과 귀의 역할을 수행하며 요리라는 상품을 가지고 고객을 즐겁게 해야 할 임무를 띤 최전방의 전투원이다.

결국 업소의 모든 작업은 '고객 즐거움 만들기'라는 봉사팀의 임무를 지원하기 위한 것이다. 조직 구성원들에게 고객감동을 위해서는 어떠한 것이라도 조치할 수 있는 자율권을 부여하여야 한다. 다만 팀장의 권한이 커지면 팀원들의 자율성을 해칠 우려가 있으므로 팀장에게 고유의 권한을 부여해서는 안 된다.

종업원 각자는 스스로, 자신의 행동이나 서비스 하나하나가 곧 업소의 이미지이며 상품이라는 사실을 망각해서도 안 된다.

업소의 상호가 쓰여진 차량을 운전하는 종업원이 도로에서 난폭 운전을 한다면 그것을 보는 사람들은 그 업소에 대해 좋은 이미지를 가질 수 없을 것이다.

아무리 은행의 경비라 할지라도 평상시에는 고객에게 예의바르고 친절하게 대해야 한다. 그렇지 않고 경비라는 직책을 수행한다는 구실로 오가는 고객을 강도 보듯이 노려보고 다닌다면 과연 그 은행이 잘 될 수 있을 것인가. 모든 종업원들은 업소 안에서나 밖에서나 항상 업소를 대표한다는 생각을 가지고 신중하게 처신해야 한다.

7) 공동체의식을 강화하라

조직화의 틀을 견고하게 세우고 그 뼈대 위에 공동체의식의 강화라는 '살'을 붙임으로써 조직화를 더욱 튼튼하게 다질 수 있다.

공통된 이해를 갖는 한 직장에 소속된 동료로서 '우리'라는 감정을 북돋아줌으로써 종업원들은 서로 사랑하고 친해지면서 서로의 마음속에 친밀감이 성립된다.

따라서 종업원들은 자연적인 유대의식으로 맺어져 정신적으로 보다 안정된 상태에 놓이게 된다.

이러한 공동체의식을 보다 강화하기 위해서는 반복된 교육훈련과 규칙적인 근무습관이 중요하다.

프로이트는 "인간의 마음에는 본인이 의식하지 못하는 무의식이 존재한다. 생활 속에서 경험하는 모든 것에 대해서 설령 당장 지각하지 못할지라도 그것은 무의식의 세계에 차곡차곡 쌓인다. 무의식의 세계에 누적된 내용은 소멸해버리는 것이 아니라 의식 밑에 있으면서 의식되기를 대기하고 있는 것이다"라고 주장하였다. 결국 인간은 지속적으로 반복된 교육훈련이나 생활에 의해 본인의 지각유무에 관계없이, 시간의 흐름에 따라 그 프로그램대로 습관화된다는 것이다.

즉, 자기 자신도 모르게 조직이 의도하는 목표대로 자연스럽게 세뇌되는 것이다.

■ 근무진행표를 작성하라

세뇌란 개인의 사상이나 가치관을 물리적인 혹은 사회적인 압력을 가하여 개인의 욕구방향을 급격히 바꾸어놓는 것을 말한다.

여기서 분명히 이해할 것은 세뇌란 강요에 못 이겨 거짓으로 고백하거나 강제적인 수단에 의해 억지로 행동하는 것이 결코 아니라는 점이다. 학습을 통해서 스스로의 확신을 가지고 자발적으로 사고하고 행동하는 것이 무엇보다 중요하다.

따라서 종업원들의 일과를 어느 정도의 '틀' 속에서 습관화시키는 것이 조직화의 목적달성을 위해 필요하다. 그러므로 업소의 실정에 맞게 근무진행표를 만들어 시행하여야 한다.

○○산채 근무진행표—고객제일, 근무우선	
09:00 - 09:40	직장 예배 및 조회
10:00 - 10:30	교대식사—전화 예약대기 철저 (＊전화벨 2회 이내 응대) 아침 식사시간이다. 카운터나 주차장은 한시도 비울 수 없다. 반드시 교대로 식사하도록 해야 한다.
10:30 - 11:40	오전 접대 준비 팀별로 오전 접대준비를 하는 시간이다.
11:40 - 11:50	사장 접대 준비 확인 사장은 업소의 영업준비 상태를 확인한다. 마치 군대의 내무사열과도 같이 화장실, 주방, 주차장 등 업소 전체를 둘러본다.
11:50 - 13:30	오직 접대 = 전원 접대 대기 이 시간은 모든 종업원이 예외 없이 오직 고객 접대에만 열중하는 시간이다. 당장 한가하다고 해서 딴 짓을 하면 안 된다. 고객은 소낙비와 같다. 갑자기 밀어닥치는 것이다. 신속한 접대를 위해 모두 자기 위치에서 대기하여야 한다.
13:30 - 14:40	오후 접대 준비
14:40 - 15:10	교대식사—전화 예약대기 철저 (＊전화벨 2회 이내 응대)
15:10 - 17:30	교대 휴식—대기 근무 철저 대부분의 업소는 이 시간이 제일 한가하다. 따라서 종업원을 팀별로 A, B조로 나누어 격일제로 자유 시간을 준다.
17:40	팀장 접대 준비 보고 봉사팀과 조리팀의 팀장은 외출한 종업원의 귀사여부를 포함한 저녁 영업준비 상태의 이상 유무를 구두 또는 전화로 사장에게 보고한다.
17:50 - 21:10	오직 접대 = 전원 접대 대기

21:10	반입
	'반입'이란, 냉장고에 음료 및 주류를 보충하는 것을 말한다. 고객에게 시원한 음료 및 주류를 제공하기 위해 반드시 하루 전에 보충하여야 한다.
21:30	간판 소등, 안전 확인
	간판을 소등하고 팀별로 전기, 수도, 가스, 보일러 등 안전을 확인한다.
21:30 – 22:00	교대식사
22:00	마감 기도 후 퇴근
	팀별로 작업현장에서 하루를 반성하고 정리하며 감사하는 기도를 간략하게 하고 퇴근한다.
	* 시행 기간: 영구 * 작성 및 수정: 사장 이거희

■ 근무진행표 활용방법

● 09:00 – 09:40

20~30분간의 약식 예배가 끝나면 먼저 봉사팀장이 기립하여 구령과 함께 '근무수칙' 하고 외치며 이에 전직원이 큰소리로 근무수칙을 복창한다.

● "전체 차렷"

근무 수칙

하나, 미소 띤 얼굴

둘, 겸손한 자세

셋, 정다운 목소리

넷, 자상한 대화

다섯, 진실한 근무

여섯, 솔직한 보고

하나, '미소 띤 얼굴'은 출근하기 위해 집을 떠날 때부터 퇴근하여 집에 도착할 때까지 계속해서 웃자는 것이다. 아예 웃는 표정으로 바꾸자는 것이다. 업소에서는 단 한 순간도 얼굴에서 미소가 떠나서는 안 되기 때문이다.

굳어진 표정은 세균과 같아서 종사원 중에서 단 한 사람만 감염되어도 순식간에 업소 전체의 분위기를 무겁게 오염시킨다. 그로 인해 업소의 드라마가 붕괴된다.

살다 보면 누구나 근심 걱정거리는 있게 마련이다. 그렇다고 직장에서 내색하는 것은 결코 안 된다.

"내내 미소지을 수 없는 사람은 아예 출근하지 말라."

둘, '겸손한 자세'는 단정하고 예의 바른 몸가짐을 습관화시켜야 한다는 것이다.

천태만상의 고객이 있다. 우리는 어떠한 고객을 대할지라도 항상 겸손한 몸가짐을 유지해야 한다.

셋, '정다운 목소리'는 대화나 전화 통화 시에 차분하고 부드러운 어조로 고객으로 하여금 진지하고 열성적인 서비스를 받고 있다고 느끼도록 하여야 한다는 것이다.

넷, '자상한 대화'는 고객의 요구를 완전히 수용하기가 곤란할 때 그 이유를 자세히 현실감 있게 설명하라는 것이다. 또한 종사원 간의 업무협조 시에도 필요성과 이유를 상세히 말해줌으로써 전체적인 공감대가 형성되게 해야 한다.

다섯, '진실한 근무'는 신뢰를 말하는 것으로, 신뢰는 건강과 같아 그것을 잃게 되면 인생 전부를 잃게 되는 것이다. 따라서 일체의 사심을 버리고 공무에 임하도록 해야 한다.

여섯, '솔직한 보고'는 사장에게 업소의 문제점을 있는 그대로

알리라는 것이다. 오너는 종사원들이 무엇이든 서슴없이 말할 수
있도록 업소의 분위기를 만들어야 한다.

- 근무수칙 복창이 끝나면 사장에게 인사한다.
- "경례"

인사하고 난 뒤 봉사팀장이 '우리의 다짐'을 선창하면 전원이 따
라 복창한다.

우리의 다짐

우리는 고객이 계심으로써
우리가 존재함을 명심하고
근무중 쓰러지는 순간까지
언제나 웃는 얼굴과 진실한 마음으로
고객께 봉사할 것을 다짐한다.

- "쉬어"라고 구령한다. (전원 편한 자세)
- 봉사팀장이 먼저 보고한다.

봉사팀장 보고사항

1. 금일의 날씨
2. 금일의 온도—체감온도는 매출증대의 주요 요인
3. 금일 예약고객 특성
4. 금일 및 명일 단전 단수 정보
5. 요일별 중점 업무

1. 금일의 날씨는 맑음, 흐림, 눈, 비 등등을 전 직원들에게 알려줌으로써 고객에게 뛰어난 서비스를 제공하기 위한 조치를 사전에 취할 수 있다.

2. 업소의 실내온도가 춥거나 더우면 고객의 식욕이 떨어진다. 비록 고객이 없을지라도 영업시간에는 냉, 온방기를 작동시켜 고객이 업소의 문을 연 순간 쾌적함을 느끼도록 해야 한다. 따라서 봉사팀장은 매일매일의 일기예보를 확인하여 금일의 온도를 전 직원에게 알려줘 체감온도에 대한 경각심을 불러일으켜야 한다.

3. 금일 예약한 고객의 특징을 간략하게 설명하여 고객 접대에 완벽을 기할 수 있다.

4. 갑작스러운 단전, 단수에 당황하지 않도록 봉사팀장은 항상 관심을 갖고 직원들에게 알려주어야 한다.

5. 요일별 중점 업무란 종업원들이 소홀하기 쉬운 업무를 요일별로 나누어 집중 처리하는 것을 말한다.

실례를 들면 월요일은 에어컨 (또는 온풍기) 필터 청소의 날 또 화요일은 식탁에 부착된 가스레인지 (또는 숯불구이기) 청소의 날 등 업소의 여건에 맞게 구분하여 실시한다.

● 봉사팀장의 보고가 끝나면 바로 조리팀장이 일어나서 ‘전일 매출 현황’ 을 보고한다.

● 현황보고는 ‘15시 목표’ 와 ‘마감목표’ 로 구분하되 예를 들면 "15시 목표달성 현황 돼지갈비○인분, 삼겹○인분, 냉면○개. 마감목표 달성 현황 돼지갈비○인분, 삼겹○인분, 냉면○개" 등으로 보고하고 있는다. 물론 조리팀이 생산한 상품의 수량과 카운터에 집계된 수량이 일치되어야 한다.

●봉사팀과 조리팀의 팀장 보고가 끝나면 사장이 협조사항을 간략하게 전달한다. 사장의 최고 관심사는 시종일관 고객에게 뛰어난 서비스를 제공하는 것과 목표달성에 있음을 모든 종사원들이 굳게 믿도록 해야 한다.

●사장의 협조사항 전달이 끝나면 봉사팀장은 "차렷 경례" 함으로써 조회를 마친다.

지금까지 근무진행표의 활용방법을 설명하였다. 여기서 중요한 점은 시간을 꼭 지켜야 한다는 것이다. 시간 개념이 철저하지 못하면 효과가 절감된다. 그리고 처음 작성한 근무진행표의 시간이 현실에 적합치 않으면 수정하여, '메뉴얼'과 함께 업소 근무의 표준으로 삼아야 한다.

8) 종업원을 감동시켜라

일찍이 소크라테스는 "남의 지배만 받으면서 살아온 노예는 지도자의 자리에 앉혀놓아도 부하들을 잘 다스리지 못해 곧 쫓겨나고 만다"는 말을 하였다.

이 말은 인간이 인간을 다스린다는 것은 지위나 연령만 높다거나 권한이 많다고 저절로 되는 것이 아니며 종사원들이 오너를 받들고 싶은 자발적인 마음을 갖도록 만들지 못하면 불가능하다는 것을 지적해주고 있다.

업소의 종업원 관리란 바로 종업원들의 마음을 얻는 것이다. 마음은 돈만으로는 살 수 없다. 마음을 살 수 있는 것은 상대를 위해 자신을 아낌없이 희생시킬 수 있는 진실뿐이다.

아침부터 밤늦게까지 고생하는 종업원이 있고 수많은 업소가 있는데도 불구하고 찾아주는 고객이 있기 때문에 나는 업소를 운영할 수가 있는 것이다. 얼마나 고마운 사람들인가. 이 사람들에게 사장으로서 어떻게 보답할 것인가.

우리 업소에서 외식상품을 구매하는 고객을 2차 고객(또는 외부고객)이라고 하며 종업원을 1차 고객(또는 내부고객)이라고 한다. 그렇게 호칭하는 것은 고객을 감동시키기 위해서는 먼저 종업원을 감동시켜야 하기 때문이다.

그들이 업소에 만족하게 되면 직장생활의 의미와 목적 그리고 소속감을 느끼게 된다. 따라서 오너가 맨 먼저 생각해야 할 것은 업소를 살맛 나는 직장으로 바꾸는 일이다.

종업원들이 신명나야 생산성이 오르고 업소도 발전해 나갈 수 있으므로 그 방안을 정리해야 한다.

첫째, 일 자체만으로도 즐거움이 되도록 각자에게 적합한 일거리를 주어야 한다. 본인과의 면담을 통해 취미나 소질을 파악하고 가능한 범위 내에서 자신이 하고 싶은 일을 하도록 해주어야 한다.

둘째, 즐거운 인간관계를 형성할 수 있도록 여건을 만드는 일이다. 종업원들이 직장에서 열심히 일할 수 있는 것은 집안을 잘 꾸려가는 가족들의 노고가 있기 때문이다. 한 달에 한 번이라도 전 종사원의 가족들을 초대해서 서로 친해질 수 있도록 한다. 물론 조그만 선물이라도 준비하면 더욱 좋다. 그리고 정기적으로, 열심히 근무하는 직원을 선정해 그 가족에게 감사와 칭찬의 메시지와 함께 선물티켓을 우송하는 것도 좋다. 종업원뿐 아니라 그 가족들까지도 직장을 이해하고 관심을 갖도록 유도함으로써 공동체 의식을 함양하기 위해서이다.

셋째, 오너는 종업원의 해결사가 되어야 한다. 종업원들의 개인적인 애로사항이나 집안의 크고 작은 애경사에 오너가 적극적으로 나서서 도와주어야 한다. 대개의 종사자들은 경제적으로 어렵다. 가정적으로도 믿고 의지할 사람이 없는 외로운 사람들이다. 오너는 사장의 역할보다 오히려 형이나 부모로서의 역할이 더욱 중요하다.

넷째, 종업원이 전문가로서 성장할 수 있는 길을 열어주어야 한다. 조직 내에서 흔히 사용되는 동기부여방식은 금전적인 것이다. 그러나 인간에게 가장 강력한 유인은 성취감이라는 사실을 간과해서는 안 된다. 종사원들 중에서 전문가로 크고 싶은 개인들에게는 그 길을 걸을 수 있도록 배려하고 격려해주어야 한다.

다섯째, 근무시간을 단축해야 한다. 우리나라는 1953년 근로기준법이 입법되면서 법정근로시간이 주 48시간으로 정해졌으며 1989년에 주 44시간으로 바뀌고 이제 다시 2000년 10월 노사정 위원회에서 주 40시간제를 도입하기로 합의하였다. 그러나 대부분의 외식업소에서 그것은 그림의 떡이다. 아침 일찍부터 밤늦게까지 일에 시달리는 실정이다. 행복이고 안식이고 생각할 겨를도 없다. 집에 들어가기가 무섭게 눈 붙이고 또 새벽같이 출근해야 한다. 이런 현실에서 근무의욕이나 창의성은 사치스러운 일이다. 때문에 결근률과 이직률이 높다. 일본 노동성은 노동시간과 출근일수가 1% 줄어들면 생산성은 3.7% 향상된다고 분석하였다. 이제 외식업도 업소의 주력 영업시간대를 판단하고 그 시간에만 인력이 집중되도록 하는 교대 근무시간표를 작성하여 운영함으로써 종사원의 근무시간을 단축시켜야 한다.

집을 짓는 것과 같이 오너는 언제나 좋은 종업원을 건축해야 한다. 종사원들은 오너가 자기들 개개인의 행복과 발전을 위해 진실로 노력한다는 것을 알면 보답하려 할 것이다. 이것이 인지상정이다.

업소의 번창은 1차 고객인 종업원의 감동에서부터 비롯된다는 것을 한시도 잊어서는 안 된다.

9) 진심으로 칭찬하라

오너는 종업원의 근무의욕을 북돋우기 위해 종사원에 대해 애정을 갖고 잔소리나 꾸지람보다는 칭찬이나 격려를 해주어야 한다.

하버드 대학의 스키너 교수도 그의 명저『행동분석』에서 "상사의 잔소리는 부하의 자발성을 위축시킨다. 자발성은 칭찬으로부터 생긴다"고 말하고 있다.

우리는 잘 하는 종업원에게는 칭찬을 해준다. 그러나 못하는 종업원에게는 칭찬은커녕 구박만 한다.

그러나 비록 결과가 좋지 않더라고 열심히 노력한 것만큼은 칭찬해주어야 한다. 칭찬은 바보라도 훌륭한 사람으로 만든다.

결코 '칭찬 과잉증'은 없다. 칭찬을 너무 많이 들어 지겨워 못 참겠다는 종업원은 아무도 없다. 칭찬이 거듭될수록 자신감 또한 커진다. 그럼으로써 자기 자신에 대한 자부심을 갖게 된다. 즉 소속된 조직 내에서 중요한 인물이 되기를 원하는 인간의 가장 강한 욕구가 충족되는 것이다.

그렇다고 종업원들 앞에서 무조건 마음에도 없는 가벼운 칭찬만 늘어놓으면 오히려 역효과다.

■ 칭찬의 효과 2T

칭찬이란 상대의 좋은 점을 발견해서 그 사람에게 장점을 알려주는 것이다. 그러므로 칭찬의 말은 어디까지나 '진실(Truth)'에 근거를 두어야 한다. 아첨이나 겉치레의 말은 오히려 상대에게 거부감을 준다. 좋은 점을 발견해서 그것을 열성껏 전달하는 것이 칭찬이다.

칭찬의 효과를 얻기 위해 또 하나의 유의할 점은 '타이밍(Timing)'이다. 좋은 점을 발견한 그 즉시 현장감 있게 칭찬하여야 한다.

김치를 먹을 때도 목으로 넘어가는 순간 맛있구나 생각되면 그 즉시 "이 김치 참 맛있네요"라고 말해야 칭찬의 효과가 있다. 한참 지난 뒤에 "석 달 전의 그 김치 맛있더라" 하면 오히려 새삼스럽고 쑥스러워진다. 따라서 칭찬의 효과를 극대화하기 위한 진실(Truth), 타이밍(Timing)을 '칭찬의 효과 2T'라 한다.

■ 칭찬의 테크닉

종사원들을 자연스럽게 칭찬하는 세련된 테크닉을 갖춤으로써 칭찬의 효과를 더욱 높일 수 있다.

뜻밖의 사실을 칭찬하라

상대방이 생각지도 않았던 의외의 사실을 칭찬하면 기쁨이 더욱 커진다. 한 정원사가 유명한 법률가의 저택에서 정원을 손질하고 있었다. 그러나 그 집주인이 어찌나 까다로운지 도무지 일류 정원사인 자기를 인정해주지 않았다. 그런데 정원 한쪽에 그럴듯한 개 한 마리가 눈에 뜨였다. 정원사가 집주인을 향해서 말했다.

"야아! 대단한 개군요, 저렇게 훌륭한 개를 키우고 계시다니…… 든든하시겠습니다."

그 말을 들은 집주인은 기쁜 듯이 웃으면서 대꾸했다.

"아! 선생은 개를 볼 줄 아는구먼. 참으로 훌륭한 개요. 한국에서 몇 안 되는 순종이지……."

집주인은 흐뭇한 마음으로 개의 혈통까지 자세히 설명하며 자랑스러워했고 분위기가 한결 부드러워졌음은 말할 필요도 없다. 정원을 가꾸는 데 개 이야기는 필요 없다. 그러나 대단찮은 칭찬일지언정 전혀 의외의 사실이나 뜻밖의 일을 지적하여 칭찬함으로써 상대에게 기쁨을 줄 수 있다.

구체적으로 칭찬하라

두루뭉실 막연하게 말하는 것보다는 구체적으로 어디가 어떻게 훌륭하고 좋은지 다른 것과 비교해서 칭찬하는 것이 효과적이다.

예를 들어 막연하게 '얼굴이 예쁘다'고 말하는 것보다는 '눈이 맑은 호수처럼 시원스럽고 예쁘다'라는 식으로 칭찬하는 것이 더욱 효과적이다.

상대의 소지품을 칭찬하라

지극히 작은 소지품 하나라도 남보다 좋은 것, 독특한 것, 구하기 힘든 것을 지녔을 때는 아낌없이 칭찬하여야 한다.

간접적인 칭찬을 하라

종사원들의 배우자, 자녀, 부모, 형제 등 그의 가까운 가족의 좋은 점을 찾아서 칭찬한다.

여성에게는 화려하게 칭찬하라

프랑스의 유명한 시인 보들레르는 "여성은 제 아무리 슬픈 일을 당해도 마음 한 구석에 칭찬의 말을 받아들일 부분은 남겨둔다"라고 했다. 그의 말처럼 지성이 넘치고 냉정한 여성이라 할지라도 칭찬의 홍수 앞에는 마음이 움직인다.

제삼자를 통해 칭찬하라

가장 효과적인 종업원 칭찬 방법은 상대방이 없을 때 제삼자를 통해 칭찬하는 일이다. 이런 칭찬 방법은 본인 앞에서 하는 경우보다 몇 배의 효과를 거둘 수 있다.

상대 종업원과 친한 사람에게 그 종업원에 대한 칭찬을 하면서 높은 신뢰감을 나타내면 당사자와 직접 상면해서 하는 칭찬보다 더 상대방을 감동시킬 수 있다.

최상급의 칭찬은 역효과이다

"가장 좋은" "최고로 멋진" 등 최상급의 말에 현대인은 식상해 있다. 최상급의 칭찬을 받게 되면 마음에 부담이 남게 된다. 그리고 공치사처럼 들리기도 한다. 따라서 최상급의 칭찬보다는 적당한 수준의 칭찬이 더욱 효과적이다.

상당한 설득력이 입증된 연구 결과로 '자기 충족적 예언이론' 또는 '피그말리온 효과(Pigmalion effect)'라는 이론이 있다.

그것은 "어떻게 행동하리라는 주위의 예언이 행위자에게 영향을 주어 결국 그렇게 행동하도록 만든다"는 이론이다. 즉 종업원이 '사장은 나를 믿지 않는다' 라는 느낌을 갖게 되면 이상하게도 사장

앞에서는 늘 믿지 못할 행동을 하게 된다는 것이다. 마치 자석에 이끌리듯이 말이다. 좀처럼 그런 일이 없다가 어쩌다 실수를 하면 꼭 사장에게 지적을 당하게 되는 그런 식이다.

반대로 '사장은 나를 믿는다'라는 생각을 갖게 되면 정말로 그 종업원은 사장이 믿을 수 있도록 행동한다는 것이다. 즉 사장의 기대감과 신뢰는 눈빛과 말씨 그리고 행동에 그대로 드러나고 종업원은 그것을 느끼게 된다.

설혹 그 종업원이 당장 좋은 결과를 나타내지 못하더라도 오너가 실망하지 않고 계속 격려하고 애정을 기울이게 되면 그 종업원은 사장의 신뢰와 기대에 보답하기 위해 온 힘을 다해 노력함으로써 실제로 근무능력의 향상을 가져오게 된다.

따라서 오너는 선입관이나 예감을 가지고 종업원을 대하거나 함부로 의심해서는 안 된다. 믿어야 한다. 그리고 그 믿음의 확신을 칭찬과 격려로서 표현해야 한다. 도무지 칭찬할 게 없는 무능한 사람이라 생각될지라도 누구나 장점은 있다. 그 장점에 초점을 맞추고 그것을 확대해서 보면 칭찬거리가 의외로 많다.

가정에서 자녀의 교육도 마찬가지다. 부모가 자녀를 어떻게 생각하느냐에 따라 실제 행동이 그렇게 된다. 결국 부모가 자녀를 만들 듯이 사장이 종업원을 만든다는 것이다.

10) 지휘의 기본 3원칙을 지켜라

중국의 무경칠서(武經七書) 중의 하나인 『사마법』[1]에 '소죄내살

---

1) 司馬法. 제(齊)나라 전양저(田穰名) 지음.

소죄승 대죄인(小罪乃殺 小罪勝 大罪因)'이라는 말이 있다.

이 말은 아무리 작은 잘못이라도 엄하게 다스려야 한다는 말이다. 작은 잘못이라고 대수롭지 않게 여겨 그냥 지나쳐버리거나 귀찮다고 방관하면 사소한 잘못이 점점 쌓이게 되고 그것은 곧 큰 잘못을 일으키게 되는 원인이 된다는 것이다.

2,500여 년 전이나 지금이나 인간관계의 원칙은 불변하다. 전양저의 말을 통해 종업원을 관리하는 지휘의 기본 3원칙을 아래에 제시하고자 한다.

첫째, 사소한 잘못이라도 그냥 넘기지 말라.

이 말은 종사원의 잘못이 눈에 뜨일 때마다 꾸짖고 잔소리하라는 것이 결코 아니다. 잘못을 발견하였을 때는 다른 사람이 모르게 조용히 불러 잘못된 점을 자상하게 일깨워주고 관대하게 용서하라는 것이다. 다만 사소한 것이라도 모른 척 그냥 넘겨서는 안 된다. 바늘도둑이 소도둑 되기 때문이다.

둘째, 작은 공로(功勞)라도 드러내어 포상하라.

이 말은 잘한 일은 그것이 아무리 사소한 것일지라도 전체 앞에서 드러내어 칭찬하라는 것이다. 잘못은 조용히 그러나 잘한 것은 모두가 알게 칭찬해주고 공로의 크기에 따라 그에 상응한 포상을 베풀어야 한다.

셋째, 벌을 주고 상을 주는 것을 만인이 믿게 하라.

신상필벌(信賞必罰)이 말로만 되어서는 안 된다. 종업원 누구나가 다 믿을 수 있도록 한결같이 집행해야 한다. 마속은 제갈 량(諸

葛亮)과 절친했던 장군이었으나 패군의 책임을 물어 죽음을 당했다. 그러나 그 조치가 공정했기 때문에 누구도 제갈 량을 원망하지 않았다. 상벌은 엄정하고 공정하되 그것이 따스한 인간미와 조화되어 행해질 때 모든 종업원이 진실로 승복하는 것이다.

상벌권과 인사권은 오너가 행사하라

고려 말 31대 공민왕은 매우 사랑하는 왕비가 난산으로 죽자 정치는 신돈에게 일임하고 불사에만 전념했다. 전권을 위임받은 신돈은 왕의 신임을 기화로 횡포를 일삼았고 신하들은 왕을 무시한 채 신돈 앞에서 줄서기만 급급했다. 점차 오만해진 신돈은 결국 자기 말을 듣지 않은 공민왕을 시해할 역모까지 꾸미게 된다.

오너가 사정상 업소의 현장을 지키지 못할지라도 종업원에 대한 상벌권과 인사권만큼은 직접 행사해야만 한다. 그렇지 않으면 오너와 종업원들과의 사이에 점차 높은 담이 만들어져서 결국 업소의 지휘권을 잃게 되며 끝내 허수아비로 전락하게 된다.

11) 신뢰는 오너의 생명과 같다

미국의 저명한 경영학자인 피터 드러커는 "리더란 따르는 사람을 많이 거느린 사람"이라고 정의를 내리고 리더의 중요한 자질 중에 하나로 '신뢰'를 들었다.

신뢰한다는 것은 자기와 함께 일하는 리더가 거짓말을 하지 않는다는 확신이다. 만약 오너가 종업원들로부터 신뢰를 잃게 되면 해결방법은 둘뿐이다. 업소의 문을 닫든가 아니면 모든 종사원들을 한꺼번에 교체하는 것이다.

신뢰는 오너가 언행일치와 자기의 행동에 책임을 지는 자세를 보여줄 때 생긴다.

리더십이란 "조직의 구성원들과 더불어 그리고 구성원들을 통하여 주어진 과업을 수행하는 능력"이기 때문에 종사원들로부터 신뢰를 받지 못하면 그들을 잘 부릴 수 없는 것은 당연하다.

그러므로 오너는 어떤 것을 말하기 전에 매우 신중히 생각하는 습관을 지녀야 한다. 생각 없이 한 말이나 취중에 한 약속은 잘못된 결과를 가져올 수 있으므로 종사원을 실망시키기 때문이다.

엘바 섬에 유배되었던 나폴레옹이 1815년 2월에 그 섬을 탈출하여 프랑스에 상륙했다. 루이 18세는 체포를 명령했고 군대가 출동하였다. 그는 총을 겨누는 병사들을 향하여 회색 망토와 삼각 모자를 쓰고 태연히 걸어갔다. 병사들이 그를 전적으로 믿고 있었기 때문이다.

"나다! 나를 죽이려는 사람이 있다면 쏘아라."

망토를 열어제치고 가슴을 가리켰다. 병사들은 그를 알아보고 환호를 울리며 그의 편으로 되돌아왔다. 신뢰야말로 오너의 가장 소중한 무기이다.

12) 적극적인 원가의식을 심어라

좋은 상품을 보다 싸게 사고 싶은 것이 인간의 본능이다. 백화점의 바겐세일 기간에 부근의 교통이 마비될 정도로 사람이 몰려들고 변두리의 할인점이 번창하는 것만 보아도 그렇다.

이제 외식업도 치열한 경쟁에서 살아남기 위해서는 보다 싼 가격을 제시하지 않으면 안 된다. 싸게 공급하려면 생산단가를 낮추어야 한다.

최대의 비용을 쓰게 한다면 누구든지 높은 수준의 성과를 올릴 수 있을 것이다. 오너는 항상 최소의 비용으로 최대의 이익이나 성과를 올리기 위해 원가의식이 투철해야 한다. 따라서 조금의 낭비나 원가 상승의 요인이 발생하는 것을 최소화하려는 노력이 필요하다.

일반적으로 종업원들은 일을 잘 해보자는 의식은 있어도 비용을 아끼면서 잘 해보자는 원가의식은 약하다.

주방을 떠날 때 수도를 잠그지 않아 물이 넘쳐흐르는 것은 예사고, 국솥이 가스 불에 졸아들어도 식사에만 열중하느라 모른다. 종업원들이 퇴근한 후에 쓰레기통을 살펴보면 관리 소홀로 상해서 버린 식재들이 많다.

빗물까지도 정화시켜 저장하고 철저히 활용하는 독일인의 절약 정신에 비하면 우리는 낭비가 너무 심하다. 수도, 전기, 가스의 사용에서부터 식재의 구매, 보관, 정리, 조리 등 외식상품의 전 생산 공정에서의 낭비가 바로 원가상승으로 이어진다.

그리고 원가의 상승은 업소의 경쟁력을 떨어뜨리고 결국은 매출 부진으로 이어진다는 것을 종업원들은 깨닫지 못하는 것이다. 따라서 오너는 종업원들에게 원가절감이라는 소극적인 자세보다도 원가파괴라는 적극적인 원가의식을 심어주도록 노력하여야 한다.

13) 스스로 일하는 종업원을 만들라

업소에서 가장 필요한 사람은 말하거나 지시하지 않더라도 스스로 일을 찾아서 할 줄 아는 직장인이다. 지시가 없으면 아무것도 하지 않고 지시를 하면 뭐라고 불평을 하면서 마지못해 일을 하는 사람은 사회생활에서 절대로 성공할 수 없다.

어느 조직이고 조직 구성원을 분류해보면 크게 세 가지 부류가 있다. 첫번째는 지시가 없어도 자기 할 일을 찾아서 하는 사람이고, 두번째는 지시하는 일만 하는 사람이며, 세번째는 지시하는 일도 제대로 못하는 사람이다.

첫번째 부류는 직장에서 꼭 필요한 사람들로 스스로 일을 찾아서 하는 적극적인 습관으로 인해서 결국 인생에 성공의 꽃을 피우는 엘리트들이다.

두번째에 속하는 사람들은 지시를 하거나 말하지 않으면 움직이지 않는 종업원으로서 어떤 면에서는 오너가 부리기 쉬운 사람이라고 할 수 있다. 왜냐하면 수족처럼 시키는 대로 부릴 수 있고 엉뚱한 짓은 안 하기 때문이다. 그러나 그런 사람들과 일을 하는 경우는 하나하나 세부적으로 지시해야 하기 때문에 오너가 피곤해진다. 가장 바람직한 것은 전체적인 지시만 하면 구체적인 방법은 종업원 스스로가 연구해서 최선의 방법을 찾아 부여된 임무를 성공적으로 완수하는 태도이다. 따라서 오너는 먼저 종업원 스스로가 자기개혁을 할 수 있도록 독려해야 하며 매사에 좋은 본을 보여주어야 한다. 오너의 행동방식 즉 말하는 것, 옷 입는 것, 고객 서비스의 정신, 시간 지키기, 가정생활 등을 종업원들은 언제나 주시하고 있으며 그리고 쉽게 모방하기 때문이다.

세번째 부류는 지시하지 않으면 꼼짝도 하지 않을 뿐더러 지시하는 일마저도 여러 불평을 늘어놓으며 눈치만 보는 사람들이다. 이런 종업원들은 다른 직원들의 근무의욕까지 상실케 만든다. 조심해야 할 것은 이런 종업원을 내보낼 때 적대감을 안겨주면서 내쫓으면 안 된다는 것이다. 반드시 보복하기 때문이다.

종업원과 인연을 맺을 때보다도 인연을 끊을 때 즉, 헤어지는 방법을 잘 선택하는 것이 오너의 용인술(用人術)에서 빼놓을 수 없는 중요한 능력이다.

많은 주부들이 두 마리의 토끼를 잡으려 한다. 가정살림도 알차게 꾸려나가면서 짭짤한 수입을 올릴 수 있는 부업을 생각한다. 식당을 내려니 자본도 많이 들 것 같고 무엇보다도 많게 느껴지는 반찬 가지 수가 걱정이고 산더미처럼 상상되는 설거지 등 모두가 벅차게 느껴진다.

그래서 주부들은 생각하게 된다. '좀더 편하고 쉽게 돈을 벌 수 있는 장사가 없을까? 낮에는 살림하고 오후 늦게부터 밤에만 할 수 있는 장사……' 고심 끝에 내린 결론이 소규모 호프집, 치킨집, 꼬치구이집, 한국식 카페 등 술집이다.

참으로 구미가 당긴다. 크진 않지만 나만의 사업장을 갖고 싶다. 멋지게 건실하게 운영하고 싶다. 시작도 하기 전에 재벌의 꿈부터 꾼다. 눈부신 내일을 몽상하는 신데렐라 증후군의 여학생처럼……. 그러나 사업은 꿈이 아닌 현실이다. 멋진 드라마가 아닌 삶의 현장이다.

개업 초기에는 축하 고객으로 제법 살맛이 나지만 일 주, 이 주……. 알 만한 사람들의 발길이 끊기면 그때부터는 한산해진다. 없는 집 제사 돌아오듯, 월세 낼 날은 왜 이리 빨리 오는지……. 본전 찾기는커녕 꾸려나가기도 힘들다.

'술장사는 아무나 하나.' 때늦은 후회의 메아리만 온 종일 맴돌

다간다. 꿈은 사라지고 막막해진다. 지푸라기라도 잡고 싶은 심정인데 "소규모 호프집은 아가씨가 있어야 해" 하는 누군가의 위대한(?) 조언에 다시 한번 희망을 갖고 도전한다.

드디어 미인계라는 고도의 전략을 구사하는 사업가로서, 퇴폐의 길로 말려들어가는 것이다. 여자 보고 오는 손님 덕에 솔솔 재미가 난다. 가끔씩 해보는 "색시노릇"(?)도 싫진 않다.

하루 이틀 세월 가면, 누가 가르쳐주지 않아도 스스로 터득하는 것이 인간인가! 돈을 적게 들이고 짝 맞추고 싶은 고객의 욕구를 제대로 파악하게 되는 것이다. 음식점과 유흥주점 사이의 '틈새시장'을 확장하는 데는 색시가 더 필요하다. 월급 안 나가는 아마추어 색시면 더욱 좋다. "커피 한 잔 하자"는 말로 친구, 후배, 선배 다 불러들여 짝짓기 대열에 합류시킨다. 드디어 인간시장에 몸을 던지고 만 것이다. 그것도 너무 헐값으로…….

돈은 인간을 간 큰 카멜레온으로 만드는가? 법을 어겨서라도 돈을 벌겠다는 발상은 자칫 인생 전부를 망칠 수 있다. 외식업은 유흥업이 아니다. 업소 종사자가 고객과 동석하여 술시중을 드는 것은 위법이다. 법을 떠나서라도 성(sex)을 '무기'로 하는 영업은 결코 오래갈 수 없다. 왜냐하면 불공보다 잿밥에 눈독을 드리는 손님은, 말이 아무리 비단결 같을지라도, 결국 오래지 않아 발길을 끊기 때문이다.

퇴폐를 근본적으로 차단하기 위해서는 먼저 3단계 전략을 명백히 세우고(18쪽 '먼저 3단계 전략을 세워라' 참조) 그에 적합한 장소를 선정하는 것이 중요하다. 퇴폐로는 절대 돈을 벌 수 없다. 함정에 빠지지 말라! 한 순간의 잘못된 생각이 평생을 어둡게 만든다.

3% 아이디어를 발휘하라

입소문 타기 비결

마케팅은 필수다

고객중심 아이디어가 점포를 살린다

1 입소문 타기 비결

영업 이전에 여론에 승리하라

소년가장으로 어린 시절을 불우하게 보낸 탓에 필자의 마음속에는 늘상 피해의식이 자리잡고 있었다. 개업을 준비하면서도 박복한 인생이라 행여나 또 잘못될까봐 마지막까지 점검하고 확인했다. 드디어 1988년 8월 21일에 인천 석바위 여성복지관 옆에 세 사람이나 망하고 나갔다는 자리에서 대망의 개업을 하기에 이르렀다.

긴 세월을 기다려오던 개업 날이라 새벽같이 문을 열었다. 얼마나 닦고 문질렀는지 번쩍이는 탁자며 의자, 기물들을 둘러보는 순간 우리 부부의 눈에는 눈물이 고였다. 기쁨의 눈물이었다. 비록 손바닥만한 가게일지라도 필자에게는 희망의 원천이요, 생명 그 자체였다.

그러나 벅찬 감격은 채 하루도 가지 않았다. 문만 열면 손님이 몰려올 거라는 자신만만했던 기대는 개업 첫날부터 여지없이 무너졌다. 아무리 객지라지만 텅빈 개업집을 지키는 심정은 참담했다. 이제나 저제나 하고 애태우기를 사흘, 나흘…….

천신만고 끝에 문을 연 산채전문점. 이대로 그냥 주저앉을 수는 없었다. "이 가게를 살릴 때까지 결코 퇴근하지 않으리라." 그날 이후 필자는 와신상담의 심정으로 업소 시멘트 바닥 위에서 잠을 청했다. 그러나 실패에 대한 두려움 때문에 잠이 올 리 없었다. 다시 일어나 의자에 앉아 천천히 업소 내부를 살폈다. 업소의 벽, 거울, 메뉴, 냉장고, 탁자, 의자, 출입문 하나하나를 바라보는 순간 머릿속에 스치는 것이 있었다.

"내가 손님이라면 우리 업소를 어떻게 생각할까?"

먹는 장사에는 나만큼 책도 많이 읽고 연구도 많이 한 사람이 없을 것이라는 자만심으로 가득 차서 나는 도대체 안하무인이었다. 입맛에 맞지 않는 음식을 탓하는 고객에게 '산채'도 모르는 촌놈이라고 비아냥거렸으니 참으로 가관이었다. 골리앗처럼 기세가 등등했던 나는 그때서야 부끄러운 마음으로 탁자 하나하나 옮겨앉으며 '고객의 입장'에서 생각하고 문제점을 정리했다. 그날 이후부터 나는 액자 하나를 걸더라도 반드시 '고객이 좋아하는 것이 무엇일까?'를 먼저 생각하는 습관을 갖게 되었다.

■ 기존업소의 우위점

외식시장의 후발주자인 창업자는 시장을 선점하고 있는 기존업소의 우위를 약화시키고 후발주자의 새로운 우위를 창출해야 한다. 그런데 시장을 먼저 차지한 업소들은 신생업소와의 경쟁에서 유리한 점을 몇 가지 갖고 있다.

첫째, 기존업소는 고객들에게 이미 알려져 있다. 외식산업의 특징 중에 하나가 브랜드의 충성도가 강하다는 것이다. 외식업은 타 업종에 비해 단골집 선호경향이 뚜렷하다. 푸대접의 불안심리로 인해 이미 신뢰가 확인된 단골집으로 향하는 것이다. 개업집에 대한 호기심이나 또는 신생업소의 판촉전략에 의해 업소를 방문했을 지라도 외식상품이나 서비스가 기대에 못 미치거나 단골집에 비해 허술하면 "역시 내 단골집이 최고야" 하는 생각으로 다시는 오지 않는다. 이러한 경우 신생업소의 출현은 기존업소와 고객 간에 '단골관계만 강화' 시켜주는 결과를 낳아 기존업소만 도와주는 꼴이 되는 것이다.

둘째, 기존업소는 고객의 욕구에 근접해 있다. 이는 그 동안 수많은 시행착오의 과정을 거치면서 고객의 소리를 듣고 눈높이를 맞추려는 노력의 결과이다. 그러므로 고객의 취향이나 입맛을 더 잘 알고 있는 것이다. 따라서 신생업소의 출현으로 경쟁관계가 성립되면 그 동안의 경험을 토대로 보다 신속하고 정확하게 대응할 수 있는 역량을 가지고 있다.

셋째, 기존업소는 자본력에서 앞서 있다. 일반적으로 안정된 영업을 통해서 일정한 수익을 올리고 있기 때문에 오래된 업소일수록 자본력은 더욱 탄탄하다. 그러므로 기존업소들은 대개의 경우 건물의 개·보수, 고객을 위한 시설의 보강 또는 확장 등 자본의 힘으로 신생업소를 제압하려 한다.

■ 후발업소의 전략

입지 내에서의 유동인구는 어느 정도 한정되어 있기 때문에 후발주자의 새로운 우위창출이란 결국 기존업소의 고정고객을 빼앗아오는 것이다. 그리고 상권을 넓혀가며 새로운 지역의 고객을 흡수하는 것이다. 이러한 신생업소의 도전을 기존업소들은 비교우위의 힘을 바탕으로 무력화시킨다. 따라서 열세에 놓인 신생업소는 기존업소와의 경쟁에서 정면승부보다는 게릴라전이 유리하다.

그러므로 유격전의 신개념을 제시한 마오쩌둥의 군사논문인 「지구전론」(持久戰論, 1938)의 요점을 통해서 기존업소와의 경쟁전략을 제시하고자 한다.

"힘의 대비(對比)는 군사력 및 경제력의 대비일 뿐만 아니라 인력(人力) 및 인심(人心)의 대비이기도 한 것이며, 무기는 전쟁의 중요한 요소이기는 하나 결정적인 요소는 아니고 결정적인 요소는 물적 요소가 아니라 바로 인간이다."

창업에 성공하기 위해서는 사업자금이나 일등입지 또는 인테리어보다도 중요한 것이 조직구성원의 정신력이며 이를 바탕으로 지역 내에서 민심을 얻는 것이다.

"민심은 천심이다. 인심을 잃으면 어떠한 성공전략도 무위로 끝난다. 영업 이전에 먼저 여론에 승리하라."

인사를 잘하라

　개업초기에 손님 없는 것이 순전히 메뉴 탓인 줄 알고 이 음식 저 음식을 추가하다 보니까, 옆집들과 메뉴가 중복되어 원수처럼 지내게 되었고, 거기다 거칠고 딱딱한 군인투의 언행 때문에 소문마저 나빠져 동네에서 텃세에 몰리게 되었다. '정복할 수 없다면 손을 잡아라.' 그야말로 살길은 고객에게 직접 호소하는 방법뿐이었다. 그래서 눈에 잘 띄는 '모시옷'(당시 한 벌에 8천원인 가짜)으로 갈아입고 흰 고무신에 접었다 폈다하는 부채를 쥐고 업소 앞을 거닐면서, 왕래하는 모든 사람들에게 다가가 활짝 웃으며 "정원산채 이대봉입니다"라고 인사했다. 처음에는 "저 녀석 저거 미친놈 아냐?" 하는 시선으로 슬금슬금 피해 달아나던 사람들조차도, 날마다 점심 때부터 저녁 때까지 만날 때마다 정중히 인사하는 필자를 차츰 알아보게 되었다. 어느 정도 낮이 익혀지자 가게 출입문 옆에 도로 쪽으로 음료자판기를 설치하고, 조금이라도 안면이 있으면 다가가 반갑게 악수를 청하고 자판기 앞으로 데리고 와서 시원한 커피를 권하며 대화를 나누었다.

첫인상을 어떻게 심느냐가 사업초기의 전술을 펼쳐나가는 데 있어서 중요하다. 물론 예의 바르고 상냥하며 인간성 좋은 사람으로 비추어지는 것이 가장 좋다. 따라서 언제 어디서나 밝은 미소의 얼굴로 '먼저 인사하는 습관'을 가져야 한다(94쪽 '인사자세' 참조). 누구나 자기에게 우호적인 사람에게 호감을 갖는다. 우물쭈물하지 말고 먼저 자신 있게 "안녕하세요?"라고 인사하자.

설령 나를 잘 모르거나 또는 내가 상대를 모르는 경우 혹은 나에 대해 경계심을 갖는 사람일지라도 계속해서 다정하게 인사를 하다 보면 서로 알게 되고 좋은 이미지를 갖게 된다.

문제는 자신의 성격상 비위에 거슬려 도저히 그렇게 할 수 없다고 생각하는 사람들이다. 그런 사람들은 대개가 주위 사람들이 뭐라고 생각하든 내 사업만 열심히 잘 하면 된다는 생각을 갖는다. 그것은 잘못된 발상이다. 성공을 하려면 자신만의 고집을 꺾고 생각을 넓혀 주변의 모든 사람들과의 관계를 고려해야 한다. 왜냐하면 새로운 경쟁자가 영업에 실패하면 주변 업소의 사람들은 우호적인 입장을 취하지만 만일 영업이 잘 되기 시작하면 의외의 난관에 봉착하기 때문이다.

주위업소들이 자신들 업소의 영업부진에 대한 원인을 신생업소의 출현으로 몰아붙이게 되고 그들은 연대하여 여론을 날조하거나 관공서에 진정서를 넣는 등 계속적인 부담을 줌으로써 결국 손을 들게 만들기 때문이다. 때문에 사업을 성공시키기 위한 기초작업이 바로 주위 사람들과 원만한 인간관계를 유지하는 것임을 깨달아야 한다.

가난하고 소외된 사람들에게 더욱 잘하라

직업에 귀천은 없다. 그러나 남들이 자기가 하는 일을 천박스럽게 여길 것이라고 생각하는 사람들이나 또는 옷차림이 허름하거나 몸이 불편한 고객들은 대체로 소외감이 강하다. 따라서 남이 자기를 비웃을 것이라는 열등감을 가지고 있다. 그 때문에 사소한 일에도 화를 잘 내고 오해도 잘한다.

반면에 대체로 돈이 많다는 것을 과시함으로써 대우받고 싶어하는 욕구가 강하다. 그래서 일반고객보다 오히려 매상을 많이 올려준다. 그러므로 그들을 접대할 때는 티끌만큼이라도 무시당했다는 생각이 들지 않도록 일반손님들보다도 더욱 정중하고 자상하게 그리고 세심한 것까지 살펴주어야 한다.

즉 그들을 진실로 이해하고 편안하며 따뜻한 인정으로 한 가족처럼 대하면 의외로 마음을 쉽게 열고 친해지며 오래도록 변치 않는다. 그들을 실망시키지 않는 한 영원한 고객이 되는 것이다. 다른 고객들도 마찬가지지만 그들을 접대할 때는 특히 종업원들이 모여서 잡담해서는 안 된다. 이야기하다 보면 서로 웃게 되고 무의

식적으로 고객들을 힐끔힐끔 쳐다보게 된다. 그러면 자기들 흉을 보면서 웃는 것으로 오해할 수 있다는 것이다.

또한 업소 주변에서 좌판영업을 하거나 포장마차, 구두닦이, 영세상인, 그리고 납품업자, 물건을 배달해주는 사람, 업소의 시설을 보수하러 오는 수리기능공 등 나보다 더 어려운 사람들에게 더욱 따뜻하게 대해주어야 한다.

가난한 사람들의 객지살이는 힘들고 외롭다. 그들은 자기들을 진실로 이해해주는 사람들에게는 쉽게 정을 느낀다. 그리고 결속력도 강하다.

그들은 필자에 대한 보답으로 지역사회에, 나와 업소에 대한 좋은 여론을 만들어주었다. 과연 나에 대한 소문이 이웃에서부터 시작되어 동네로 그리고 인천지역 일대로 번져나가 매출이 오르기 시작했다. 특히 점심시간에는 내가 밖에 나와 있으면 다른 집으로 들어가려던 손님들까지도 나와의 안면 때문에 싱긋 웃으며 우리 집으로 몰려들었다.

구전 홍보특공대를 활용하라

아무리 바빠도 고객이 오고갈 때에 달려나가 반드시 문을 열어드리고, 맛있게 드시는 반찬은 떨어지기가 무섭게 더 갖다드리며, 식사 후에 커피, 수정과, 아이스크림(어린이 고객)을 드리는 것 등은 당시에는 우리 업소만의 획기적인 서비스였다. "영업을 하려면 저렇게 열심히 해야 돼" 하는 주위의 칭찬을 인천광역시 전역으로 확산시키기 위한 다음 홍보전술은 20여 명까지 불어난 종업원들과 그 가족들을 활용하는 것이었다. 나는 그때 전 종업원을 오전 8시 50분까지 출근하도록 하여 9시30분까지 접대교육을 시켰다. 그때 전 종업원들에게 아침에 출근할 때는 반드시 택시를 타고 업소 출입문 앞까지 오도록 했다. 그리고 택시비를 회사에서 지불하도록 했고 절대로 거스름돈을 받지 못하도록 했다.

이를테면, 택시비가 3,200원 나오면 꼭 4,000원을 지급하도록 하고, 기사가 거스름돈 800원을 내주면 "사장님! 담배라도 사 피우세요. 그리고 잠깐 커피 한 잔 하고 가세요" 하면서 출입문 입구에 있는 커피자판기에서 커피를 한 잔 빼 와서 기사에게 건네주며 "지각하지 않게 잘 태워주셔서 감사합니다" 하고 인사를 하고 들어오게 끔 만들었다.

종업원 가족들도 마찬가지였다. 나는 그 무렵 전 종업원을 오전 8시50분까지 출근시켜 새벽 1시에 퇴근시키는 관계로 종업원 가족들도 회사 내의 정황과 근무 분위기를 이해할 수 있도록 하기 위해 주기적으로 모셔 함께 시간을 보내는 자리를 만들었다. 그때 종업원 가족이 정원산채에 회식차 나올 때는 꼭 택시를 타고오도록 교육시킨 뒤, 그 택시비는 회사 카운터에서 지급하도록 하며 전과 동일하게 거스름돈을 받지 못하도록 했다.

20여 명의 상근 종업원과 그 가족들이 회사로 나올 때는 꼭 택시를 타고오게 한 뒤, 그들이 회사에 도착할 때마다 택시비에다 거스름돈을 더 붙여주면서 커피도 빼주고, 때로는 식사도 대접하면서, 들어서 기분 좋은 감사의 인사를 하게 만든 것이다. 정원산채 종업원들로부터 몇 백원의 거스름돈을 더 받은데다 기분 좋은 감사의 인사까지 들은 기사들은 대부분 정원산채의 홍보요원으로 변했다.

이는 결과적으로 하루 20여 명의 외부홍보요원들을 고용해 인천광역시 전역으로 택시를 타고다니면서 정원산채를 위해 입소문을 퍼뜨리는 것과 같은 광고효과를 얻게 되는 것이다.

이뿐만 아니라 나는 당시 전화국에 근무하는 114전화안내원들까지도 정원산채 홍보요원으로 훈련을 시켰다. 내가 말하는 114안내원 훈련이라는 것은 다름 아닌 20여 명의 직원들이 매일 출근하면 오전 11시까지 다섯 번 그리고 오후 3시 이후 또 다섯 번씩 1인당 열 번씩 114안내원에 전화를 걸어서 정원산채의 전화번호와 위치를 물어보도록 했다는 것이다.

하루도 빠짐없이 200여 회 이상의 문의 전화에 시달리는 전화교

환원들은 정원산채의 전화번호와 주소까지 완전히 외우게 된 것은
물론이고, 한국 최고의 유명업소로까지 인식하기에 이르게 되었
다.

　이런 2단계 홍보전략은 크게 두 가지 결과를 가져왔다. 먼저 정
원산채 종업원들은 봉급을 많이 받아서 그런지 꼭 택시를 타고다
니면서 돈을 잘 쓰고 인사 잘하기로 소문나 있다는 말이 돌았고,
그 다음은 택시기사와 114전화 안내원들의 홍보에 힘입어 단체예
약 고객이 엄청나게 늘어나게 되었는데, 그 거주지가 인천광역시
전역을 넘어서서 수도권 전역으로 퍼져나가면서 외국인 관광버스
까지 줄을 잇게 된 것이다.

→ 대인관계를 넓혀라

사업지역에서의 기반을 다지기 위해서 다른 사람의 지위를 활용할 수도 있다. 예를 들어 지역사회에 영향력이 있는 공직자와 친분관계를 맺는 일이다. 구청, 시청, 도청, 경찰서, 검찰청, 법원 등 관공서에는 반드시 민간인으로 구성된 협력단체가 있으며 기관장의 주관하에 월례회를 갖는다.

그 월례회에 참석할 수 있는 민간인은 재산이나 학력, 지위 등 특별한 자격이 있어야 되는 것이 아니며 경제적인 부담도 없다. 오히려 어려운 가운데도 남을 도울 줄 아는 성실한 자영업자를 환영한다. 개업해서 어느 정도 업소의 체계가 갖춰지면 그런 협력단체에 가입을 권하고 싶다.

월례회를 통해서 대인관계의 폭을 넓힐 수 있고 특히 기관의 생리상 외로울 수밖에 없는 기관장과의 자유로운 대담은 사적인 친분관계까지 발전될 수 있다.

"진실은 감동을 불러일으킨다."

또한 오너가 신앙인이라면 더욱 좋다. 그렇지 않다면 사업지역에서 신앙생활을 시작하는 것이 좋다. 힘들고 어려울 때일수록 믿음은 큰 위로와 희망이 된다. 같은 종교단체 사람들과의 교분은 일반인과는 달리 결속력이 강하므로 물심양면으로 도움이 된다.

업소의 종업원도 오너와 같은 종교의 진실된 신앙인으로 구성하고 직장의 하루 일과를 신앙생활의 연속이 되도록 운영하면 최선의 결과를 얻을 수 있다. 기도로 시작하고 기도로 근무하며 기도로 마감하는 업소문화를 만들어야 한다(137쪽 '근무진행표의 실례' 참조).

신앙인에게 기도는 개인이나 업소의 모든 어려움을 녹이는 용광로이며 확고한 비전을 갖는 희망의 뿌리이다. 같은 종교라도 업소에서 가깝고 또 어느 정도 규모가 있는 곳이면 더욱 좋다. 건실한 신앙의 힘 앞에서 불가능은 없다.

무엇보다도 이웃과 친해져야 한다. 오너에 대한 여론은 이웃에서부터 시작되어 동네로 그리고 구, 군, 시 등 그 지역 일대로 번져 나가기 때문이다. 그리고 동네 주민을 위한 봉사활동에 참여하는 것이 좋다.

동네마다 동사무소나 파출소를 지원하기 위한 자생단체가 있고 그 구성원들은 대부분 동네 유지들이다. 본인이 희망하면 어느 때든 가입이 가능하다. 자생단체에 가입함으로써 지역사회에 대한 정보를 쉽게 얻을 수 있고 그것은 곧 사업을 전개하는 데 도움이 된다. 사업지역과 주거지역이 다르면 사업을 활성화시키기 위한 집중력이 떨어지므로 주거를 사업지역으로 옮기는 것이 바람직하다.

항의하는 고객을 반겨라

고객이 불평할 때야말로 고객을 우리 업소의 단골로 만들 수 있는 좋은 기회이다. 업소에 대해 호의적인 인상을 갖도록 하는 기회로 그 상황을 활용해야 된다. 업소 측의 잘못에도 무관심한 고객은 "이 따위 집구석에 다시는 안 온다"는 뜻이다. 일반적으로 새로운 고객을 얻기 위해서는 현재의 고객을 유지하기 위한 노력보다 5~6배의 수고가 더 든다. 그러므로 손님의 불만처리는 계속적인 단골관계가 유지될 수 있도록 각별히 신경을 써야 한다.

따라서 고객의 불평에 대해 진정으로 잘못된 점을 인정하는 모습을 보여주는 것이 중요하다. 이때 사과의 말은 고객의 입장에서 표현되어야만 한다. 그리고 잘못에 대해서는 즉시 시정해야 하며 만일 시간이 걸리는 것이라면 고객을 위해 진지하게 계속 노력하고 있음을 느끼도록 분명히 해야 한다.

또한 고객이 보상을 요구하기 전에 자발적으로 고객이 손해본 시간, 금전, 에너지, 실망을 준 것 등 그에 따른 적절한 보상을 반드시 해야 한다. 업소의 잘못이 다소 클 경우에는 수일 내에 전화로라도 다시 한번 사과하는 것이 좋다. 그렇게 함으로써 고객이 업소의 사과를 진심으로 받아들였는지 확인할 수도 있는 것이다.

항의하는 고객이 오히려 미안해 하도록 정성을 다해야 한다.

우리 민족은 예부터 백의민족(白衣民族)이라 했다. 흰빛을 숭상하고 흰옷을 즐겨 입는 우리는 흰빛만큼이나 깨끗하고 고운 심성을 지닌 백성이다. 비록 자기가 하기 싫거나 손해를 보는 일일지라도 조금만 안면이 있으면 거절하기 곤란해하는 착하고 인정이 넘치는 사람들이다.

생활설계사로 근무하는 먼 친척이나 동창 등이 찾아와 보험가입을 부탁하면 차마 거절을 못한다. 내가 하나 들어주면 목표도 달성하고 진급도 하게 된다는데 잘못하면 승진 못한 원망까지 듣게 될 테니 넉넉하지 못해도 인정에 이끌리게 된다.

바탕이 착한 우리 고객의 마음을 사로잡는 방법은 없을까? 그중에 하나가 '미안감'을 심어주는 것이다. 내 업소에 한 번이라도 들어온 사람은 기필코 단골손님으로 만들겠다는 다짐이 필요하다. 따라서 누구든지 업소의 자상하고 친절한 배려에 반하게 하여야 한다.

만일 우리 업소에 없는 음식을 주문할 경우에는 바쁜 일손을 멈추고라도 밖으로 모시고 나와 주위에서 그 음식을 맛있게 하는 집이 어느 집이고 어디로 가는지 친절하게 알려드린다. 당장 음식을 못 팔았을지라도 그보다 소중한 '업소에 대한 감동'을 판 것이다. 고마움을 안고 간 사람은 반드시 고객으로 다시 오게 된다.

손님이 몰려서 좌석이 없을 때 오지도 않는 사람을 기다린다고 자리만 차지하고 있는 고객은 얄밉다. 그래도 월간잡지와 커피 한 잔 들고 가서 "기다리시기 지루하실 텐데 책 보시면서 천천히 기다리

세요" 하며 활짝 웃어보라. 미안해진 고객은 기다리는 손님이 오면
조금이라도 더 팔아주고 싶은 마음에서 이것저것 주문하게 된다.

　직원이나 고객의 실수로 음식을 쏟거나 그릇류가 파손되었을 때
도 달려가 먼저 손님의 안전이나 옷가지부터 챙겨야 한다. 다만 이
러한 행동이 매상을 올리기 위한 술책이어서는 결코 안 된다. 가식
은 오래갈 수 없다. 고객 제일주의란 진실한 마음으로 고객을 위해
서 최선을 다하는 것이다. 업소의 방문이 거듭되어도 한결같이 정
성스러운 '고객 섬기기' 가 계속될 때 고객은 감동하는 것이다.

2 마케팅은 필수다

→ 시식회를 개최하라

창업자본을 예상할 때 시식회의 비용을 별도로 판단하여 포함시켜야 한다. 고객이 오고 안 오고는 두번째 문제다. 우선 사람들에게 업소의 존재를 알려야 한다.

시식회는 개업 하루 전이 좋으며 완벽하게 준비하여 개최해야 한다. 그러나 개업 때니까 이해해주겠지라는 생각에 어설프게 시도하면 오히려 역효과를 가져온다. 음식의 맛, 시설, 종업원의 움직임 등 업소의 완벽함을 보여줘야 한다. 초청받은 사람들 스스로가 이 집은 성공하겠다는 확신을 갖는 완벽한 시식회여야 한다. 외식업소 최고의 판촉전략은 감동한 고객의 자발적인 구전홍보이기 때문이다.

부가서비스 전술을 개발하라

　점심시간이면 어김없이 업소 앞을 거닐며 모든 이에게 친절을 베푸는 필자를 기억해주는 행인들에게 차원 높은 부가서비스 전술을 펼치기 시작했다. 바로, 갑자기 소나기가 오거나 비가 오는 날을 대비해 비닐우산을 준비해놓았다가 미처 우산을 준비하지 못한 사람들이 업소 앞을 지나가면 모시옷 차림으로 인사를 하면서 "미처 우산을 준비하지 못하셨군요? 비 맞지 마시고 이걸 하나 쓰고 가시지요" 하면서 비닐우산을 하나씩 무료로 나눠주는 것이었다.

　비가 오지 않는 날 시장에 나가 50개씩 묶어놓은 비닐우산을 도매가격으로 사와서 하나씩 펴보며 성능을 테스트한 뒤, 비닐 우산을 깨끗이 닦아낸 다음 하나씩 나눠주는 '비오는 날 비닐우산 나눠주기' 홍보전술은 대단히 큰 반향을 일으켰다.

　필자에게 요긴하게 비닐우산을 하나씩 얻어 쓰고 간 행인들은 대다수가 비가 멎은 날 쓰고 갔던 우산을 도로 가지고 우리 가게까지 찾아와 돌려주면서, 감사의 정표로 산채정식이나 가격이 높은 더덕구이 같은 음식을 드시고 가셨다. 그리고는 만나는 사람마다

"그 모시옷 입고 도로에 나와 인사하는 산채집 주인 말이야. 이제 보니 참 좋은 사람이야. 인사성 밝고, 친절하고, 음식 맛있고 말이야. 비오는 날, 비 맞고 지나가는 행인들을 위해 500원(1988년 가격)씩이나 하는 비닐우산을 수백 개씩 그냥 나눠주니 그게 보통 선행이야. 하루 이틀도 아니고……" 하면서 소문은 소문대로 내주면서 직장동료들까지 데리고 와서 산채정식을 먹고 가는 것이었다.

더구나 인근에 있는 여성복지관이나 법원, 검찰청, 변호사 사무실 같은 데선 갑자기 비가 오는 날, 전체 직원들을 대표해서 우리 업소까지 찾아와서는 "비닐 우산 20개만 주시오" 하면서 돈을 들고 구입하러 올 때도 많았다. 나는 그런 분들에게 돈을 받지 않고 필요한 만큼 비닐우산을 제공해주었다. 나의 완강한 거부에 당일은 그냥 우산을 가지고 갔다 해도 그분들은 후일 어떤 방법으로든 비오는 날 요긴하게 쓴 비닐우산값을 우리 정원산채에 떨어뜨려 주고 갔다.

매상을 많이 올리는 고객을 감격시켜라

업소의 한 달 매출을 집계하면서 매상을 많이 올려준 회사나 단체 또는 개인고객 등 단골고객의 명단을 작성해야 한다. 그러기 위해서는 경리근무자가 자주 오는 고객이나 고액거래 손님의 방문일자별로 매상액을 정리해두어야 한다.

개업 초기에는 고객에 대한 정보가 없다. 따라서 우량고객이라 예상되는 손님의 특징을 경리근무자 자신이 알아볼 수 있도록 매출액과 함께 기록해둔다. 매월 말일에 매출결산을 할 때 소수 우량고객의 개인별 또는 회사나 단체별 매출누계를 내어서 순위별로 기록한다.

1) 20 : 80 법칙

20 : 80 법칙이 있다. 20%의 고객이 업소 전체 매출액의 80%를 차지한다는 것을 의미한다. 따라서 업소의 매출을 증대시키고 또 우량고객을 경쟁업소에 빼앗기지 않기 위해서는 소수 우량고객의

집중관리가 필요하다. 소수 단골고객들에게 깊이 파고들어가 업소
와 완전히 밀착시키는 전략이다.

2) 고객의 신상카드를 작성하라

완전한 밀착을 위해서는 무엇보다도 고객의 신상을 파악해야 한
다. 단순히 그 고객이 누구이고 무엇을 하는 사람이라는 정도로는
결코 감격시킬 수 없다. 따라서 예상되는 우량고객의 명함을 받거
나 없다면 이름을 솔직히 물어보면 된다. 대부분의 고객들은 자신
에게 관심을 갖는 업소에 대해 즐거워하며 이름이나 직장을 알려
준다. 이것을 미리 준비된 신상카드에 기록하고 오너는 그 고객의
이름을 외워야 한다.

처음부터 기억력이 없다고 포기하지 말라. 우량고객의 특별한
점을 찾아내어 아무도 눈치채지 못하게 기록해두고 각 개인의 특
별한 점과 이름을 연결시키면 기억하기 쉽다. 그리고 다음 방문 때
부터는 이름을 불러드려라. 오너나 경리근무자가 고객의 이름을
기억해주는 것만으로도 고객들은 뿌듯함을 느낀다.

그리고 잠깐씩이라도 기회가 있을 때마다 우량고객의 특별한 정
보를 얻기 위해 노력해야 한다. 자연스러운 대화를 통해 부인이나
자녀에 관한 것, 개인의 취향 등 세세한 부분까지 듣는 대로 수시
로 신상카드에 기록하여 정리해야 한다.

3) 우량고객을 특별 취급하라

우량고객이 업소를 방문했을 때는 오너가 좌석에 찾아가 인사를

하고 음식을 서비스하는 등 예의를 갖춤으로써 일행들로 하여금 이 업소의 VIP 고객임을 느끼도록 해야 한다. 특히 가족 또는 이성과 함께 방문했을 때는 더욱 그렇다.

카운터에는 비록 하찮은 것일지라도 항상 우량고객의 어린 자녀들에게 줄 선물을 정성스럽게 포장하여 준비해두어야 한다. 계산 시에 주기 위해서다.

신상카드에 기록된 정보에 의해 고객의 생일이나 결혼기념일 등 특별한 날에는 메일을 발송해야 한다. 그리고 업소를 방문했을 때에는 샴페인, 양초 등을 추가로 서비스하고 방송을 통해 소개 및 축하의 노래를 들려줌으로써 모든 고객들이 함께 축하해줄 수 있는 분위기를 만들어야 한다.

4) 이메일을 활용하라

이제 인터넷은 보편적인 통신수단으로 자리매김했다. 특히 발송 비용이 일반우편의 3분의 1 이하이며 고객과 1 : 1의 맞춤서비스가 가능하기 때문에 매력적인 마케팅 수단이 되고 있다.

대중성과 경제성 그리고 상호작용을 가능하게 하는 이메일의 특성을 잘 이용하면 광고와 홍보, 이벤트, 프로모션을 효과적으로 수행할 수 있다.

5) 마일리지 서비스를 적용하라

마일리지란 원래 항공사가 승객이 여행한 거리를 마일로 계산해 승객의 이름으로 저축한 뒤 마일이 많이 쌓이면 나중에 무료항공표로 멀리까지 여행할 수 있도록 해주는 제도이다. 1981년 미국항공사인 아메리칸 에어라인이 처음 도입한 뒤 지금은 세계의 모든 항공사가 이를 실시하고 있다.

최근에는 신용카드회사, 정유회사, 슈퍼마켓, 만화대여점, 피자집, 중국집, 제과점 등 여러 업종에서 쿠폰, 스티커 또는 점수를 준 뒤 이것이 쌓이면 공짜로 선물을 주는 서비스를 마일리지 서비스라고 하고 있다.

외식업소에서는 마일리지 카드를 제작해 사용하는 것이 바람직하다. 고객의 이름 대신 고유번호(카드번호)를 부여하여 업소를 방문할 때마다 확인함으로써 컴퓨터에 방문횟수와 매상금액이 자동으로 집계되도록 하는 것이다. 그럼으로써 방문횟수가 많은 고객이나 매상누계가 많은 고객에게 혜택을 줄 수 있다. 다만 외식업소의 마일리지 서비스에 대한 고객의 관심을 유도하기 위해서는 선정된 고객에게 파격적인 혜택을 제공하는 것이 필요하다.

3 고객중심 아이디어가 점포를 살린다

 여성을 잡으면 점포의 미래가 보인다

21세기는 인터넷을 통한 글로벌 시장이 형성되었고, 남성보다는 부드럽고 섬세한 여성노동력이 더욱 적합한 사회가 됐다. 그리고 현대의 과학문명은 여자를 집안 일에서 점차 해방시키고 있다. 각종 가전제품들이 주부들의 가사노동시간을 현저히 줄여주었고, 상대적으로 늘어난 여가시간은 일상의 권태를 유발시킨다. 남아도는 여가시간은 스트레스를 가중시키고 스트레스가 쌓이면 일상탈출의 욕구가 강력해진다.

특히 중년여성들은 오랜 기간 자녀의 양육과 남편의 뒷바라지에 시달려왔다. 이제는 어느 정도 경제력도 있고, 자녀들도 성장했다는 안도감에서, 가사에만 몰두하느라 허무하게 지나버린 젊음에 대한 아쉬움과 보상심리가 꿈틀거린다.

남편을 출근시키고, 자녀들을 학교에 보내고 나면 남는 시간이 무료하다. 집을 벗어나 두 다리 쭉 뻗고 깔깔댈 수 있는 사람들을 만나야 중년여성들은 조금 살 맛을 느끼는 것 같다. 그것이 이름난 음식점, 레스토랑, 카페에 여성고객이 몰리는 이유일 게다. 어디

중년부인뿐이랴! 대학가도 대학가 나름이다. 여학생 비율이 적은 학교 주변업소들은 파리를 날리고 있지 않은가?

이제 여성은 외식업소의 생명줄이다. 신용카드사들이 앞다퉈 벌이고 있는 '여성을 여왕처럼' 모시는 행사들은 가계지출을 80% 이상 결정하는 여성들을 의식한 때문이다.

여성은 커뮤니티를 중요시한다. 업소를 선택할 때 입소문이 결정적이라는 것이다. 색다른 체험을 남에게 알리고 싶어하는 욕구가 여성들에게는 특히 강하다. 따라서 여성들의 입에 오르내릴 수 있는 화젯거리를 만들어내야 한다. 여성을 위한 프로그램을 업소 실정에 맞게 개발하여야 한다. 규모가 작으면 작은 대로 크면 큰 대로 여성 취향적인 오락요소들이 반드시 결합되어야 한다.

특히 교육도 휴가도 재충전도 허락되지 않는 가정으로부터 누적된 욕구불만과 공허함을 해소시켜주는 프로그램이면 더욱 좋다. 스포츠댄스 경연대회, 가창 경연대회 또는 주부동아리 경연대회 등의 깜짝 이벤트를 기획하는 것이다. 미용, 패션, 조리강습회를 연다든가 푸짐한 상품을 걸고 맛자랑 경연대회를 주관하거나 교양강좌, 가곡, 클래식, 대중가요연주 등을 정기적으로 갖는 것도 좋다.

이제 식당은 외식만이 아닌 지역문화중흥의 중심지 역할을 감당해야 할 것이다.

지역주민과 더불어 성장하겠다는 경영자의 확고한 철학이 깃든 업소문화가 만들어져야 한다는 것이다. 바야흐로 '문화예술 식당'의 시대가 올 것이다.

음식을 팔지 말고 '꿈'을 팔아라

지루한 일상생활 자체가 현대인들에게는 또 하나의 새로운 스트레스다. 매일 똑같이 보고 듣고 느끼는 지루한 일상에 현대인들은 지쳐 있다. 그들은 색다른 환경, 새로운 분위기를 갈망한다. 차라리 모험을 동경한다. 그래서 사람들은 현실이 아닌 드라마의 세계에 빠져들기도 한다. 주인공이 될 새로운 무대와 드라마를 꿈꾸며 살아가는 것이 인간이다.

고객에게 꿈의 무대를 제공하라.

고객이 멋들어진 연기를 할 수 있도록 업소라는 무대를 만들어라. 드라마틱한 공간을 창조하라. 고객은 드라마의 주인공이요, 업소의 종사자는 주인공의 연기를 빛나게 해주는 조역이다. 업소에서 이용할 수 있는 모든 것을 동원하여 주인공의 연기를 도와주어야 한다.

지금까지 고객은 가격이 싸다든가, 음식이 맛있다든가, 서비스가 좀 좋다든가, 인테리어가 특이하다든가 하는 등등의 어느 하나만으로도 다른 요구는 자제할 줄 알았다. 그러나 이제 고객의 새로운 욕구는 외식상품, 업소, 서비스 등 전부를 매치시키지 않으면 충족시킬 수 없다.

음식의 맛만 좋아서 되는 것이 아니라 업소꾸미기와 고객접대능력 등이 병행해서 개발될 때 업소의 드라마가 연출되는 것이며 그것만이 고객의 새로운 욕구를 충족시킬 수 있는 것이다.

1) 드라마 만들기는 유행이 아니다

여기에서 말하는 업소의 드라마 만들기는 일시적인 유행을 말하는 것이 아니다.

대부분의 사람들이 테마 레스토랑이나 요즈음 생기고 있는 1960~70년대식 주점을 재현시킨 것 같은 인테리어의 일시적인 유행을 드라마 만들기로 착각하고 있다. 이 1960~70년대풍의 허름한 분위기 속에서 드라마를 느끼는 것은 처음 찾아왔을 때뿐이다. 두 번, 세 번 찾다 보면 감격의 정도는 얇아질 뿐이다, 허름한 분위기 속에서 드라마는 결코 지속되지 않는다. 외식업의 드라마는 오히려 방문하면 할수록 감동의 효과가 높아져가는 것이다.

2) 드라마는 업소의 경영방침이다

드라마 만들기는 고객을 모으기 위한 수단이 아니라 업소의 경영방침이다. 외식상품의 맛과 질을 높이지 않고 또한 서비스의 질을 개선하지 않으면서 다만 인테리어를 특이하게 하거나 생음악을 연주하고 이벤트를 갖는 등 색다른 것을 추가하는 것만으로 매출을 높이려고 하는 발상은 큰 잘못이다. 이것은 드라마 만들기를 잘

못 이해한 것이다.

슈퍼에서 물건이 싸면 포장이 조금 허술해도 괜찮았다. 그러나 고객이 드라마를 요구하게 되면 '다소 서비스가 부실하고 가게가 더러워도 된다'는 생각은 더 이상 통하지 않는다. 이 말은 서비스나 가게의 청결상태 등 업소의 모든 것이 고객의 즐거움 만들기와 결부된다는 것이다.

지난 77년 동안 세계인에게 무한한 꿈과 아름다운 환상을 심어준 디즈니는 고객을 '자기들의 물건을 구매하는 사람'이 아닌 '초대한 손님'이라고 생각한다. 집에 손님을 초대해 놓고 '어떻게 하면 손님을 즐겁게 할까?'를 생각하는 것이다. 디즈니랜드가 청결한 것은 청결이 미덕이기 때문에 그런 것은 아니다.

판타지 세계를 실현하는 디즈니랜드에 휴지가 떨어져 있어서는 안 된다. 휴지는 환타지 드라마를 붕괴시켜버리기 때문이다. 디즈니랜드에서 미아에게 말을 걸 때 반드시 무릎을 구부리고 이야기를 한다. 정중히 하기 위해서 그런 것이 아니다. 자신과 똑같은 높이에서 말을 걸지 않으면 "마음을 열지 않는다"라는 동물심리학의 응용이다.

한두 가지 특징으로 오늘날의 고객을 감동시킬 수는 없다. 업소의 모든 것이 드라마 만들기로 연결되어 일관된 이미지의 드라마 컨셉이 탄생되는 것이다.

즉, 업소의 외관에서부터 인테리어, 상호, 음식상품의 이름, 탁자나 의자, 음식을 담는 그릇류, 그리고 종사자의 유니폼에 이르기까지 고객에게 알리고자 하는 업소의 테마로 일관되어야 한다.

디즈니랜드에서는 아이스크림조차 야구모자에 피에로 복장을 한 귀여운 점원이 판다.

이러한 모든 수단을 총 동원하여 일관된 업소의 이미지를 만들고 그 바탕 위에 맛있는 음식과 수준 있는 서비스, 청결한 업소가 갖춰질 때 비로소 엔터테인먼트 드라마는 실현되는 것이다. 그런 업소야말로 방문을 거듭할수록 고객의 감동은 높아지게 된다.

3) 배경음악은 필수이다

TV 드라마나 영화에서 음악은 참으로 중요한 역할을 한다. 공포 장면에는 공포 분위기의 음악이 더욱 긴장을 고조시키고 슬픈 장면에서는 슬픈 곡조의 음악이 마음을 더욱 애절하게 만든다. 고객은 업소에서 드라마를 요구한다. 그래서 배경음악의 중요성은 더욱 커진다.

그렇다고 아무 음악이나 흘려보내서는 안 된다. 반드시 표적고객의 취향에 맞는 음악이어야 한다.

표적고객이 40대 이상 중장년이라면 그들이 젊은 시절을 회상할 수 있는 곡으로, 당시에 유행했던 음악이라면 더욱 좋다.

클래식이나 가곡 또는 팝송이나 대중가요 등 어느 것이든 업소의 일관된 드라마 컨셉에 의해 선정하면 된다. 이제 어느 업종이든 어떤 장소이든 분위기 설정이 필수적이다. 그래서 화장실에도, 지하나 계단에도 음악이 흐르는 것이 이상적이다.

업소는 언제나 위험에 노출되어 있다. 전기누전사고, 가스폭발사고, 화재사고, 식중독사고, 화상사고 등 언제 어디서 발생할지 모르는 많은 위험을 안고 있는 것이다. 더구나 외식업은 사람들이 모여드는 곳이기 때문에 조그마한 부주의도 대형사고로 이어질 수 있게 되며 그것은 곧 업소를 존망의 위기에 빠지게 만든다.

세계적 외식기업인 맥도날드는 뜨거운 커피에 데었다는 고객의 손해배상 청구소송에서 패소해 무려 290만 달러나 보상해야 했다.

일본 유가공업계의 점유율 1위인 유키지루시 유업도 2000년 6월 말에 식중독 사고가 발생하여 회사가 부도 위기까지 몰리기도 했다.

업소에서 화재, 누전, 가스폭발, 건물붕괴 등의 위험은 눈에 잘 띄지 않는다. 따라서 업소 내에 상존하는 위험요소를 면밀히 평가하고 정기적으로 전문가를 통해 사전점검을 받음으로써 사고를 예방하여야 한다.

업소의 성실한 노력에도 불구하고 사고가 발생하면 초기에 신속하게 대응해 피해확산을 막고 정직하게 잘못을 시인하는 것이 중요하다. 또한 이를 즉각 수습할 수 있도록 평소에 준비를 갖춰두어야 한다.

따라서 업소에서는 예측할 수 없는 사고에 대비해 각종 보험에 가입하는 것이 필요하다. 다만 사고발생 시에 보험금을 신속히 지급하는 회사를 선택해야만 업소의 손해를 줄일 수 있다.

오너는 평상시에 종사자들에게 안전의식을 고취시켜야 한다. 그리고 철저한 확인점검을 습관화시킴으로로써 안전사고의 예방에 최선을 다해야 한다. 사업이든 대인관계든 신중한 태도로 임할 때 성공을 위한 기초가 다져지는 것이다.

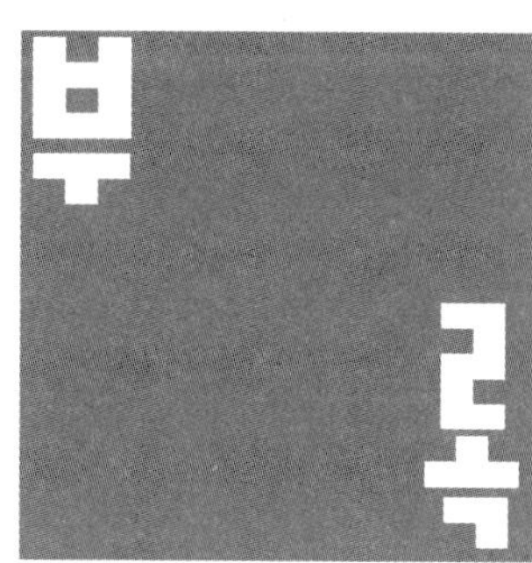

창·업·준·비·과·정

1. 3단계 전략의 결정(18쪽 '먼저 3단계 전략을 세워라' 참조)

단 계	내 용
제1단계: 표적상품	
제2단계: 표적고객	
제3단계: 대중/고급	

2. 조리실습 및 표준조리법의 보강

준비작업	진도	참조
표적상품, 보조상품, 전략상품의 조리실습		28쪽
개량된 조리법의 완성		78쪽

3. 장소 선정(31쪽 '점포 주위에 답이 있다' 참조)

1) 장소를 구하는 방법

- 부동산중개업소
- 지역정보지
- 인터넷
- 기타

2) 현장 확인

중요한 것은 예상 업소의 장점보다는 결점을 찾는 태도를 가지는 것이다. 결점은 눈에 보이지 않는다. 그러나 업소 자체의 결점과 입지상의 결점을 꼼꼼히 찾아서 그 결점을 보완할 수 있다면 그곳은 좋은 장소가 된다.

4. 계약

1) 계약 전 확인사항

내용	확인	비고
보증금, 권리금, 월세		
건축물관리대장 및 정화조 용량 관리카드		
건물등기부등본		
영업신고증		
사업자등록증		
공과금 영수증		
관리비 내역 및 영수증		
실평수		
주요 거래처 대금결재 여부		
중개업소 수수료		
가게를 내놓은 이유		

① 외식업소를 인수인계할 때는 보통 '영업신고증'의 명의만 변경하면 된다. 그러나 새로이 영업신고증을 낼 경우에는 반드시 '구청지적과'에서 '건축물관리대장'을 확인해야 한다. '용도'란에 '일반음식점'일 경우는 관계없지만 '근린생활시설'이나 '점포'일 경우는 '정화조 용량카드'(구청청소과)를 첨부해야 하기 때문이다. 만일 정화조 용량이 미달될 때는 영업신고를 할 수가 없다.

② 등기소에서 등기부등본을 떼어보면 그 건물의 담보설정 여부를 알 수 있다.

③ 사업자등록증을 확인함으로써 세금을 적게 내는 '간이과세자'인지

또는 '일반과세자'인지 구분할 수 있다.

④ 전기, 수도, 가스, 전화요금, 음식물쓰레기수거비, 신문, 유선방송비 등 영수증을 확인한다.

⑤ 관리비에 포함되는 세부내용 및 영수증을 확인한다.

⑥ 가게를 임대할 때 대부분 분양평수를 계약평수로 이야기한다. 그래서 상대방 말만 믿고 계약하면 낭패를 본다. 반드시 실평수를 확인해야 하며, 그 방법은 업소의 가로 세로를 줄자로 재어서, 예를 들면 가로 10m × 세로 10m = 100m²라면 이것을 3.3m²로 나누면 실제 평수이며 이 실평수로 협상을 해야 한다.

⑦ 기존업주의 물품대금 체불 여부를 확인해야 한다.

⑧ 영업이 웬만큼 되는 업소가 매물로 나와 있는 경우에는 왜 가게를 내놓았는지 사실확인을 해야 한다. 일부는 권리금을 받고 가게를 넘기고는 멀지 않은 곳에 확장하여 다시 개업을 하는 경우가 있으며, 그럴 경우에 단골손님마저 몰고가기 때문에 낭패를 당한다.

2) 계약과 계약금 및 중도금

① 계약은 보통 부동산 중개인 입회하에 현재 영업을 하고 있는 당사자(사업자등록증 명의자)와 이루어지며 계약금은 총 계약금액의 10% 정도이다.

② 중도금과 잔금 날짜는 양자 합의하에 결정하며 중도금은 가능한 소액을 그리고 중개수수료는 잔금날 주는 것이 현명하다.

3) 계약서 작성과 잔금

잔금을 치르는 날 준비해야 할 것은 잔금, 중개수수료, 주민등록증, 도장 등이며 계약서 작성은 건물주, 기존 임차인, 본인 입회하에 부동산중개인이 작성한다. 기존 임차인에게 지불하는 권리금은 '잔금날' 당일까

지 미납된 각종 공과금(전기, 수도, 가스 등)의 예상금액만큼 제하고 지
불하며 후에 영수증이 발급되었을 때 정확하게 계산한다.

5. 인테리어 공사(51, 190쪽 참조)

1) 표적고객의 취향에 일치된 일관된 이미지의 드라마컨셉을 위하여 인
테리어 업체를 선정하여 일괄로 도급을 주는 것이 현명하다.

2) 인테리어 업체는 미리 선정하여 늦어도 가게 계약날부터는 설계와
디자인의 검토를 시작해야 하며, 잔금날 당일부터는 개업예정일 안내
현수막을 걸고 공사를 시작한다.

3) 인테리어 공사 내용을 살펴보자.

내용	비고
목수공사(천장, 벽, 붙박이 가구, 카운터 등)	
주방설비(냉장고, 싱크대 등 조리기기의 위치)	
위생시설(상하수도 및 화장실 설비)	
냉온방기기 공사(배관 및 위치 선정)	에어컨, 온풍기
도시가스 공사	
전기 공사(배선 및 전등)	동력 확인
방수, 미장, 타일, 유리, 도배, 커튼, 바닥공사(온돌방)	
전화, 인터폰, TV, 전축, 신용카드 조회기 등 배선	
간판공사(외부, 내부 안내판, 메뉴 등)	
탁자, 의자 배치(구매)	

6. 영업신고 관련서류

1) 영업신고증

① '명의 변경시' 구비서류

양도인(전 영업주)

- 인감증명 1통
- 인감도장—용지날인
- 영업신고증 원본

양수인(현재 영업주)

- 건강진단수첩(주민등록증을 휴대하고 보건소에서 신청, 접수증으로 대치 가능)
- 임대계약서 사본 1통(본인 계약)
- 도장
- 교육수료증(신규업주 위생교육 6시간) — 한국음식업 중앙회 교육원

※ 양도인과 양수인의 지방세 체납시 명의변경이 불가능함.

② '신규로 신고시' 구비서류

- 건축물관리대장 1통(용도: 일반음식점)
  구청지적과에서 발급. 단, 용도가 '근린생활시설' 및 '점포'는 '정화조 용량카드' 첨부(구청청소과에서 발급)
- 건강진단수첩—보건소(접수증으로 가능)
- 임대계약서 사본 1통(본인 계약)
- 도장
- 교육수료증(신규업주 위생교육 6시간) — 한국음식업 중앙회 교육원
- 소방시설완비증명원(지하 사용면적 20평 이상 및 지상 30평 이

상)—소방서예방계

- 액화석유가스사용 신고필증(지하 또는 지상 사용면적 30평 이상,
단 도시가스 사용시 제외)—가스안전공사

※ 지방세 체납시 신고 불가능함.

2) 사업자등록증

① 영업신고를 한 날로부터 20일 이내에 구비서류를 갖추어 관할세무
서 납세서비스센터에 신청하면 즉시 교부하여 준다.

② 사업자 유형은 일반과세자와 간이과세자로 구분되는데 연간 매출액
이 4,800만원 미만일 것으로 예상되면 간이과세자로 신청하며, 그
이상 되리라 판단되면 일반과세자로 신청한다. 대부분이 일반과세
자로 분류되나 영세한 소규모 사업자의 세금감면을 위해 간이과세
제도를 두고 있다.

③ 구비서류

- 사업자등록 신청서 1부(세무서 납세 서비스센터에 비치)
- 임대차 계약서 사본 1부(가게를 임차한 경우)
- 영업신고증 사본 1부
- 동업계약서 1부(2인 이상이 공동으로 사업하는 경우)

7. 각종 집기류 및 식재 준비

1) 장비(업소 실정에 맞게 구비)

주방(조리팀)				홀(봉사팀)			
품목	수량	단가	비고	품목	수량	단가	비고
냉장고(김치, 기타 식재)				냉장고(주류, 음료)			
냉동고(냉동식품)				냉동고(아이스크림)			크림컵
버너 및 후드				살균소독기(컵류)			
오븐				정수기			
식기세척기				싱크대(컵류 세척)			
싱크대(3구용)				센서용 수도꼭지			60쪽 참조
밥솥(전기, 가스), 국솥				핸드드라이어			
보온밥통				음식운반카트			
믹서				작업대			
센서용 수도꼭지(조리사용)			60쪽 참조	오프너(병, 캔)			
핸드드라이어(조리사용)			60쪽 참조	저울(구매식재 확인용)			커피 프림 설탕
조리작업대				커피 자판기			

2) 기물 및 소모품

주방(조리팀)				홀(봉사팀)			
품목	수량	단가	비고	품목	수량	단가	비고
도마(폴리에틸렌제)			61쪽 참조	칼(과도)			
칼			61쪽 참조	잔(물, 소주, 맥주, 커피)			
쟁반(운반카트용)				소형쟁반			
밥, 국, 찬그릇, 접시				오프너(병, 캔)			
뚝배기 및 받침그릇			집게	재떨이			
찌개냄비				숟가락, 젓가락(통)			
숟가락, 젓가락, 포크				냅킨(통)			
주걱, 국자				이쑤시개(통)			
후라이팬				양념(통)			
소쿠리(용도별)				수세미, 솔			
오프너(병, 캔, 코르크마개)				세제(용도별)			
수세미, 솔				장갑(고무, 면)			
세제(용도별)				화장실용 휴지(걸이)			
장갑(고무, 면)				향수(분무기)			
위생복(모자, 앞치마)				위생복(모자, 앞치마)			
저울				물수건			
계량스푼(컵)				자판기 컵			1회용
염도계				음식포장용기, 포장봉투			
소화기			주방, 홀	구급상비약			
쓰레기통(음식물쓰레기)			규격 봉투	쓰레기통(분리수거)			규격 봉투
스티커(식재 구매일자 기록용)			79쪽 참조	각종 인쇄물			

3) 식재 준비

개업업종에 따라 품목별리스트를 만들고 반드시 유통기간을 확인하여 구매한다(79쪽 참조).

- 육류
- 어류 및 해물
- 곡류 및 면류
- 야채류
- 과일 및 기호품
- 양념류 및 향신료

8. 종업원 채용

인터넷이나 지역정보지에 구인광고를 내거나 전문적인 인력소개업소 또는 요리학원을 통해서 구할 수 있다. 가장 유의할 점은 '천성이 밝은 사람'을 채용해야 한다는 것이다.

9. 리허설 및 시식회

1) 최소한 개업 사흘 전부터는 전 종업원들을 출근시켜 접대교육을 실시하고 주방과 홀 직원의 손발을 맞춰보면서 각자의 임무를 정리(직무 기술서 작성)하여야 한다.

접대교육 내용	참조	비고
근무 복장(홀, 주방)	90쪽	
인사자세	94쪽	
전화받는 요령	127쪽	
고객안내, 주문, 서빙 방법	111쪽	
식재관리	79쪽	
근무진행방법	137쪽	근무진행표 시간 준수
고객과의 대화법, 칭찬요령	99, 145쪽	
주방 종사원 위생관리	60쪽	
주차장 근무요령	125쪽	
고객의 불만처리 방법	175쪽	

2) 전 종업원들이 둘러앉아 음식의 맛을 평가하고 고객의 질문에 자신 있게 답변할 수 있도록 각 상품의 조리법 및 유익한 정보를 숙지한다.

3) 주차장, 출입구, 카운터, 접객실(홀, 방), 주방, 화장실, 놀이방 등으로 구분하여 미비한 점을 시정 완료한다.

4) 개업 이틀 전까지는 '주류카드'를 거래은행으로부터 발급받아 주류 및 음료를 구매하여 냉장고에 진열한다(138쪽 참조).

5) 개업 하루 전에는 동네의 여론 주도층인 동장, 파출소장, 지역의 각
종 자생단체장, 아파트 부녀회장, 계주(契主), 수다쟁이 아줌마 등을 초
청하여 무료시식회를 개최하고 개업기념품을 증정한다(180쪽 참조).
다만 사업에 도움이 되는 사람만 잘 대해주고 동네 일반 주민들은 무시
한다는 인상을 주게 되면 약은 인간으로 진실하지 못하다는 평을 받을
수 있으므로 주의해야 한다.

6) 시식회를 통해서 조리팀과 홀팀의 팀워크 플레이를 점검하고 문제점
을 보완한다.

10. 개업

업소와 가까운 이웃들에게 떡을 돌림으로써 개업을 알린다. 아직은 종
업원들의 손발이 제대로 맞지 않으므로 개업날 도와줄 사람을 미리 확
보해두어야 하며 가능하면 아는 사람들을 초청해 시끌벅적한 잔칫집 분
위기가 되도록 하는 것이 좋다.